Susi Rieth

Die 7 Lotusblüten

Susi Rieth

Die 7 Lotusblüten

Die Verjüngungsübungen vom Dach der Welt

nymphenburger

Susi Rieth, in Graz geboren, kam nach einem schweren Verkehrsunfall zum ersten Mal mit Yoga in Berührung, durch das sie, wider allen Erwartungen, ihre Bewegungsfähigkeit wiedererlangte. Sie gab ihren Beruf als Freskomalerin und Grafikerin auf, um sich als Yogalehrerin ausbilden zu lassen. Heute lebt Susi Rieth in Reith bei Kitzbühel, wo sie eine Yoga-Schule hat. Die »7 Lotusblüten« hat sie ein Jahr lang mit ihren Schülern ausprobiert, bevor sie dieses Buch geschrieben hat.
1987 erschien in der nymphenburger ihr Buch »Mit Yoga durchs Jahr«, 1990 »Das Yoga Lexikon«, das längst zum Standardwerk für alle Yoga-Interessierten geworden ist, und 1993 ihre »Harmonieübungen«.

Fotos: Werner Rieth
Zeichnungen: Susi Rieth
Schutzumschlag: Atelier Höpfner-Thoma, München
Satz: Walter Typografie & Grafik, Würzburg
Gesetzt aus 10/12 Punkt Optima
Druck: Jos. C. Huber KG, Dießen
Binden: R. Oldenbourg, München
Printed in Germany
ISBN 3-485-00727-7

Wo immer ich mich im Geiste sehe,
dahin wird mein Schicksal mich tragen.

Inhalt

Die mystische Kraft der 7 Lotusblüten

Der Kreislauf des Lebens

Glaube an das, was noch nicht ist, damit es wird

Wer ist nicht glücklich, wenn er sich an den vielfältigen Dingen des Lebens freut? Diese Freude ist nichts anderes als die tiefe Verbundenheit mit unserer sichtbaren und unsichtbaren Umwelt. Wie wenig ist uns jedoch bewußt von diesem tiefen Einssein mit der Glückseligkeit, die der Natur inne ist?

Und doch ist jeder von uns noch immer wie mit einer unsichtbaren Nabelschnur mit den Uranfängen dieser schöpferischen Geborgenheit und Liebeskraft verbunden.

Hinter dem, was die Augen sehen, nimmt man immer auch das vollkommene göttliche Programm wahr, das anzieht, fasziniert und unweigerlich beeinflußt.

Diese Schwingungen, die durch jede geöffnete Pore des Hautkleides aufgenommen werden, sind kosmische Kräfte, die seit Urbeginn des Lebens existieren. Sie sind die wahre Nahrung des unsterblichen Menschen, die Energie, die ihn am Leben erhält. Diese Energie kann die Wissenschaft sichtbar machen, wir können sie fühlen, und sie fließt belebender als alles andere fühlbar durch unsere Körper. Diese lebende Kraft ist Yoga, das heißt Verbundenheit mit allem, was je geschaffen wurde.

Wie eine Quelle zu einem kleinen Bach wird, anschwillt und zum Fluß wird, später über einen langen, durch Höhen und Tiefen führenden Weg zum Meer findet, so entwickelt sich das Leben.

Wie ein Baum, der auf einer Wiese steht, Narben von überwundenen Verletzungen auf seinem Stamm trägt und sich jetzt im Frühling mit Blüten schmückt, einem Hochzeitskleid gleich, so beginnt auch unser Leben.

Im Sommer trägt der Baum herrliche grüne Blätter und verschenkt leuchtend reife süße Früchte. Zwischen seinen Ästen nisten Vögel und ruhen sich Schmetterlinge aus.

Und wenn dann der letzte warme Sommerwind den Baum berührt, färbt er seine Blätter mit dem Gold der Sommersonne und trägt ein prächtiges Kleid.
Doch eines Tages neigen die Blumen der Wiese ihr Haupt, um auszuruhen. Da beginnt der Baum, seine Blätter loszulassen, und sie schweben langsam zur Erde und decken die Wiesenblumen wie mit einer Decke zu.
Und wenn die Sterne des Himmels als Schneeflocken lautlos herniederrieseln, ist der Baum froh über die tiefe Stille und Ruhe, die ihn umgibt. Er braucht die Zeit des Alleinseins und Ruhens, um Kraft zu sammeln für die Knospen, die sich im Frühjahr wieder öffnen wollen. Der Kreis schließt sich.
Genauso schließen die 7 Yogaübungen, die als 7 Lotusblüten das Wachstum des Lebens versinnbildlichen, den Lebenskreislauf.

Lerne, deine Lebensenergie optimal zu nutzen

So wie jeder Baum es versteht, durch optimale Einteilung seiner Energie dreihundert Jahre alt und älter zu werden, helfen die 7 Lotusblüten den Menschen, die mitbekommene mystische Lebenskraft glückbringend, lebenserhaltend und verjüngend für sich zu nützen.

Die Vollatmung

Der menschliche Körper ist wie ein Universum. Seine Organe können durch die 7 Lotusblüten versorgt und erhalten werden. Doch die Organe, die wie Sterne und Planeten im Körperuniversum schweben, müssen durch den Atem an den Pulsschlag der Schöpfung angeschlossen werden. Die richtige Atmung ist deshalb Voraussetzung für das glückbringende Erleben der 7 Lotusblüten.
Denn Atem ist Leben.
Wenn der Mensch schläft, in tiefer Verbundenheit mit seiner geistigen Welt, bedient sich die Natur der Vollatmung. Diese

Vollatmung ermöglicht es, in kurzer Zeit die größte Menge Sauerstoff zu tanken und Energie auf die bestmögliche Weise zu nutzen.

Wie lernt man diese Vollatmung? Man setzt sich auf eine zusammengelegte Decke, legt den Mittel- und den Zeigefinger der linken Hand auf das rechte Handgelenk und spürt wie der Puls eins, zwei, drei, vier, fünf ... eins, zwei, drei, vier, fünf schlägt. Man fühlt einige Zeit den Puls und merkt sich den Rhythmus. Dann legt man beide Hände auf die Knie und beginnt, ruhig zu atmen. Man atmet durch die Nase ein und durch die Nase aus, wobei man im Geist fünf Pulsschläge zählt, während man einatmet, und fünf, während man ausatmet. Der Atem soll dabei gleichmäßig und ununterbrochen fließen.

Beim Einatmen konzentriert man sich darauf, daß jetzt reine sauerstoffreiche Luft durch die Nasengänge – Luftröhre – in die Lungen gelangt. Man stellt sich vor, wie sie in die Lungen einströmt. Hat man einen Krankheitsherd im Körper, so lenkt man im Geist die Luft dorthin.

Das rhythmische Vollatmen ist eine »Yogaübung«. Man soll nicht versuchen, ständig auf diese Weise zu atmen. Doch wird die normale Atmung durch die Übung automatisch verbessert, und man wird auch in der Nacht während des Schlafens besser atmen.

Interessant ist, daß sowohl die tibetischen als auch die indischen Körper- und Seelenkulte der Atmung eine große Bedeutung zusprechen. In den alten Yogatexten heißt es: »Das Leben ist Atem.« Und aus der Luft schöpft der Körper die »Lebenskraft«.

Leben ist Atem

Eine tiefe Atmung bewirkt selbstverständlich eine überreiche Sauerstoffversorgung, aber das ist nicht alles. Biologen, die mit dem sogenannten Kirleanverfahren (Sichtbarmachen der Körperaura) arbeiten, stellten fest, daß die Lichter in der Haut heller leuchten, wenn die Lungen durch Yoga-Positionen mit reinem Sauerstoff gefüllt sind. Und eine noch eindrucksvollere Wirkung wird mit ionisierter (= erzeugten elektrisch geladenen Teilchen durch Anlagerung oder Abgabe von Elek-

tronen) Luft erzielt. Es sieht also so aus, als lieferten überschüssige Elektronen aus den Sauerstoffatomen den Brennstoff für die Energie des Lebensfeldes.
Kann man unbewußte Vorgänge bewußt beherrschen, muß auch eine Beeinflussung in der umgekehrten Richtung wirksam werden. Und das ist tatsächlich der Fall bei den vielen psychosomatischen Störungen, denen wir auf Schritt und Tritt begegnen. Mehr als die Hälfte aller Leiden der Menschheit hat ihren Ursprung im Geistig-Seelischen. Sogar Verletzungen wie Beinbrüche und Unfälle lassen sich oft auf psychische Ursachen zurückführen. Es gibt manche Menschen, die zu gewissen Zeiten eine regelrechte Unfallneigung haben.

Krankheiten sind oft selbstgemacht

Wasser – heilende Energie

Der Atem belebt die Organe im Körperkosmos – das Wasser trägt sie.
Die ausreichende Versorgung mit Wasser trägt zum harmonischen Zusammenspiel als mitentzündender Funke zum vollkommenen Einsatz der Lebensenergie bei.
Unser innerer Körper gleicht den geheimnisvollen bunten Gärten am Meeresgrund. Jedes Organ öffnet sich wie eine Lotusblüte, um die Lebensstoffe aus den leuchtenden Wasserwegen in sich aufzunehmen. Nur kristallklares unverfälschtes Wasser ist dem Körper willkommen.
Der schöne weise Brauch, während der Aufnahme geistiger Energie durch die 7 Lotusblüten auch 7 Gläser Wasser zu trinken, verstärkt die tiefe heilbringende Wirkung auf den Stoffwechsel.
In Bhutan zeugen Hunderte von heiligen Wasserstätten von der tiefen Ehrfurcht vor dem Element Wasser und der heilenden Energie, die ihm innewohnt. Die Menschen dort leben mit dem Wasser, der Luft, dem Feuer, der Erde in tiefster Harmonie. Auch der Körper ist aus diesen Elementen aufgebaut und wird durch die 7 Lotusblüten über Nervengeflechte und

Die tiefe Ehrfurcht vor dem Element Wasser

Rückenmark mit diesen Elementen vereint. Und so ist der Mensch eins mit der mystischen Kraft – wenn sich eine Lotusblüte nach der anderen öffnet und mit jedem neuen Blütenblatt ihre Geheimnisse aus dem jeweiligen Element preisgibt.

Trinke täglich 7 Gläser Wasser

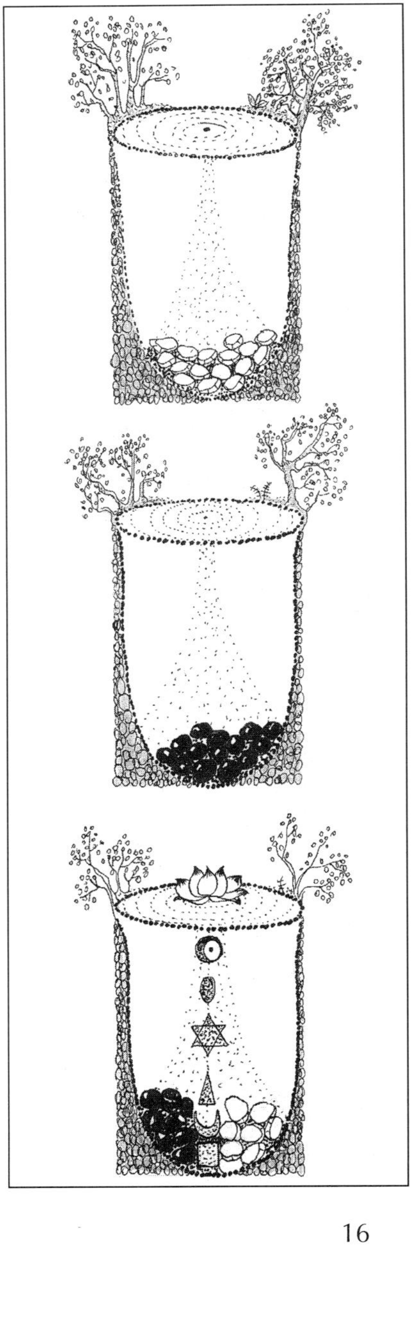

Der Lebenssee

Der Lebenssee

Gütige Gedanken, Worte und Taten sind helle durchscheinende Steine, die der Mensch in seinen Lebenssee hineinwirft.
Jeder helle Stein erzeugt Wellen, die sich zum Ufer hin ausbreiten, das Ufer berühren und wieder zurückkehren zur Mitte des Lebenssees, wo sie die Eigenschaften ausstrahlen, die ihnen innewohnen.

Licht ist überall dort, wo Liebe ist

Mißgünstige, lieblose Gedanken, Worte und Taten sind matte Steine, die der Mensch in seinen Lebenssee hineinwirft.
Jeder matte Stein erzeugt Wellen, die sich zum Ufer hin ausbreiten, das Ufer berühren und wieder zurückkehren zur Mitte des Lebenssees, wo sie die Eigenschaften ausstrahlen, die ihnen innewohnen.

Die 7 Lotusblüten stellen das harmonische Gleichgewicht wieder her, wenn sich einmal mehr matte als helle Steine in einem Lebenssee versammelt haben.
Die 7 Lotusblüten beeinflussen den Körper, wie der Körper den Geist beeinflußt.
Und mit zunehmender Steigerung der Lebensenergie wird der Übende es vermeiden, matte Steine in seinen Lebenssee zu werfen.

Die 7 Lotusblüten stellen das harmonische Gleichgewicht wieder her

Im Land des schlafenden Drachens

»Die 7 Lotusblüten« aus Bhutan

Sicherlich war es das Schicksal, das meine Kinder Susi und Werner auf das Dach der Welt führte. Oder vielleicht die Sehnsucht nach dem Land, in dem sie sich im Geiste gesehen hatten?

Es war wie ein Wunder. Durch einen Freund, der die Piloten des Königs von Bhutan ausbildete und der auch der persönliche Pilot des Königs war, wurde ihnen ausnahmsweise gestattet, mit ihm gemeinsam in Paro in einem Haus zu leben, wo ihnen Himalayabären mit ihren Jungen, riesige Kröten und seltene Vögel Gesellschaft leisteten.

In dieser Zeit besuchten sie mit Erlaubnis des Königs und in Begleitung einer seiner Führer viele verschiedene Dzongs (= Klöster). Wurden zu heiligen Orten geführt und durften sogar einem heiligen Kind einen Besuch abstatten.

Die ersten Europäer in den Heiligtümern von Bhutan

»Ihr seid die ersten Europäer, die gewisse Heiligtümer betrachten dürfen. Viele andere haben umsonst bei unserem König um Erlaubnis gebeten«, sagte Tanzing, ihr Führer. Ja, es war ein einmaliges und unvergeßliches Erlebnis. Und die Erinnerung an die große Ehre, die man ihnen erwies, ruht noch tief in ihren Herzen.

Alle Tage lebten sie zu den gleichen einfachen Bedingungen wie die Einwohner von Bhutan und waren mit ihnen zusammen. Und niemals sahen sie, auch nicht bei der Verrichtung der einfachsten Arbeiten, daß jemand eine Handlung vollzog, die nicht von tiefer religiöser Versenkung begleitet gewesen wäre.

Bei den vielen Wanderungen durch Täler mit glasklaren Flüssen und auf fünftausend Meter hohe Berge lernten sie tiefe Ehrfurcht vor den kleinsten Steinchen, vor dem schönsten goldenen Buddha oder dem einzigartigen Porzellanbaum mit seinen ungezählten Göttern zu empfinden und zu erleben.

Mit jedem Tag wurde ihnen bewußter, daß sie geliebte Kinder der Schöpfung sind.

> *Das göttliche Gesetz kommt beständig auf das Bessere zurück, es strebt nach Vollkommenheit*

Wenn Wanderer zwei kleine Steine übereinanderlegen, bezeugen sie damit die tiefe Verbundenheit zu ihrer Religion und zu den von ihnen verehrten Göttern. Gebetsfahnen, die wie weißer Rauch zum blauen Himmel hinaufwehen, tragen Wünsche zu Gott. Gebetszylinder, leuchtend rot und mit goldenen Drachen bemalt, die mit der Hand zum Drehen gebracht werden, strahlen Harmonie und alles durchdringende beruhigende Schwingungen aus. Kiesel und vergoldete Steinplatten sind mit dem Mantra »Om Mani Padme Hum« (= O du Juwel in der Lotusblüte) beschriftet.

Es ist nicht leicht, die Lebensanschauung dieser freundlichen, bezaubernden, ja fast kindlichen Menschen zu begreifen, die uns jedoch in der Nutzung der geistigen Energie um so viel voraus sind.

Einmal trafen Susi und Werner einen Mann, der mit seiner Gebetstrommel vor seinem Feld saß. Tief in sich selbst versunken, zeigte sein Gesicht einen entrückten Ausdruck.

Verwundert fragten sie ihren Führer: »Ist es jetzt Zeit zum Beten?«

> *Das ganze Leben ist ein Gebet*

Einen Augenblick herrschte Schweigen: »Das ganze Leben ist ein Gebet«, antwortete er.

Sie sahen ihn erstaunt an, und er erklärte: »Der Mann betet an seinem Feld um eine gute Ernte, bittet, daß seine Arbeit Früchte trägt und die Götter das Feld und seine Familie segnen.«

»Was geschieht, wenn Dürre oder Frost seine Ernte vernichten?« fragten sie weiter.

Der Führer hielt kurz inne, ehe er antwortete: »Warum macht ihr euch über solche Kleinigkeiten Gedanken, wo sie doch dem Willen der Götter unterliegen. Wenn es das Schicksal des Bauern ist, seine Ernte zu verlieren, so ist das der Wille der Götter und unter keinen Umständen abwendbar.«

Während er das sagte, lächelte er, wie man kleine Kinder anlächelt, denen man vieles verzeiht.

Von großen Lamas (= tibetischen buddhistischen Priestern) und Heiligen lernten sie, daß weltliche Dinge wie Besitz oder Schönheit vollkommen unwichtig sind. Das Lebensziel aller Heiligen, die fünfzehn Jahre und länger in winzigen Meditationshäuschen verbringen, in denen es keinen Schutz gegen Kälte, Nässe und Hitze gibt, ist es, eins zu werden mit der unendlichen Liebe und Weisheit der Schöpfung.

Ziel ist es, eins zu werden mit der Liebe und Weisheit der Schöpfung

Das Außergewöhnlichste der Reise, das unser aller Leben beeinflussen sollte, war jedoch, daß Susi und Werner die große Ehre zuteil wurde, einen kleinen Teil der heiligen Schriften ansehen zu dürfen. Diese sind an heiligen Orten gesammelt und werden von auserwählten Persönlichkeiten behütet und streng bewacht. Nur Menschen, die lange Zeit Demut und den nötigen Respekt vor heiligen Stätten bewiesen haben, dürfen diese heiligen Orte mit einer »Sondergenehmigung des Königs von Bhutan« und in Begleitung einer seiner Führer betreten.
Durch den heiligen Lama des Königs wurde der Hüter der Heiligen Schriften ermächtigt, ihnen einen Einblick in das tiefe, Tausende Jahre alte Wissen von Bhutan zu gewähren.
Und erst nach monatelanger Arbeit mit dem Hüter der heiligen Schriften konnten sie einen Teil aus einer sehr alten Schrift, die ihnen geduldig übersetzt und erklärt wurde, begreifen. Der Inhalt dieser Schrift, die als »7 Lotusblüten« bezeichnet wird, verweist auf die Übungen der 7 Lotusblüten und ihre heilbringende Kraft.

»Der vollkommene Kontrolle hat«

Und noch ein weiterer Umstand ermöglichte es uns, ein Wissen zu erfahren, das Menschen aus dem Westen bisher verborgen war.
Bei einem Ausflug nach Indien zwang Susi und Werner ein

heftiger Sturm zu einer ungewollten Zwischenlandung in Lucknow. Der indische Copilot Rasheed machte uns auf einen Punkt weit unten inmitten einer steinigen trockenen Hochebene aufmerksam.
Susi blickte aus der Flugzeugkanzel und ließ sich von Rasheed erzählen, daß es dort unten war, wo der große Yoga Swani Dhirendra Bramachari viele Jahre in einer unterirdischen Höhle so lange Atembeherrschung (Prāṇāyāma) übte, bis er die höhere Stufe des Yoga erreicht hatte.

Besuch bei einem der großen lebenden Yogis

Während Susi den Ausführungen von Rasheed aufmerksam zuhörte, blickte sie hinunter auf den kleinen Punkt und wünschte sich ganz innig, Swani Dhirendra Bramachari, einen der großen lebenden Yogis, persönlich kennenzulernen (übersetzt heißt Dhirendra Bramachari »der vollkommene Kontrolle über all seine Sinne und Gefühle hat«).
Spontan fragte Susi Rasheed: »Glaubst du, daß es möglich ist, Swani Dhirendra Bramachari zu besuchen?«
Rasheed sah sie überrascht an. »Das glaube ich nicht«, erwiderte er. »Selbst Minister und hohe Beamte des Staates müssen monatelang auf eine Audienz warten.«
Leise sagte Susi: »Aber ich weiß, ich werde ihn sehen.«
Bevor sie am Abend einschlief, ließ sie die Lebensgeschichte von Dhirendra Bramachari an sich vorüberziehen.
Schon als er ganz jung war, interessierte er sich für Yoga. Seine Suche nach Lehren des Yoga führte ihn durch den Dschungel, über Berge, in große Städte und Pilgerzentren in Indien. Sein Meister Maharshiji wies ihn an, Yoga unter die Menschen zu bringen. Er begann in Lucknow, Delhi, Bombay und Kalkutta damit, Yogaübungen vorzumachen. Menschen aus allen Schichten und aus der ganzen Welt kamen, um die Yogapraktiken zu lernen, die er vorführte.
Er unterwies den verstorbenen Premierminister von Indien Jawahar Lal Nehru und war der Yoga Berater von Indira Gandhi und ihrer Familie.
Am nächsten Morgen beschloß Susi, nach Delhi zu fliegen, um den Aschram von Swani Dhirendra Bramachari aufzusuchen. Immer wieder wurde sie von seiner Sekretärin abge-

wiesen. Bei ihrem letzten Besuch, bevor sie wieder nach Bhutan zurückflog, erhielt sie die Nachricht, daß sie um 17 Uhr eine Stunde zu Swani Dhirendra Bramachari kommen dürfe.
Mit Herzklopfen betrat sie an der Seite des Aschrams ein einfaches Privatzimmer mit einem runden Tisch, auf dem eine Schale mit Früchten und Nüssen stand. Mehrere Männer und Frauen saßen um den Tisch herum. Eine Sekretärin saß im Hintergrund.
Als Susi Swani Dhirendra Bramachari gegenüberstand und sich zum indischen Gruß neigte, umfing sie augenblicklich seine Ausstrahlung.
Seine hohe schlanke Gestalt war in einen weißen Sari aus einfacher Baumwolle gehüllt. Das ruhige schöne Gesicht von einem schwarzen Bart eingerahmt. Die dunklen Augen sahen sie an, als würden sie sie jetzt und in allen Leben vorher und nachher erfassen. Seine männliche Erscheinung war alterslos, und seine starke Persönlichkeit erfüllte den ganzen Raum, als wäre außer ihm niemand anwesend.
Er lud sie ein, sich zu ihm zu setzen, erörterte mit ihr Möglichkeiten, Yoga richtig im Westen zu verbreiten, und erklärte ihr die große Aufgabe, Yoga wie in Indien in der Vorsorgemedizin einzusetzen. Es wurde ihr die Ehre zuteil, daß Swani Dhirendra Bramachari sie zum Abschied umarmte und sie einlud, längere Zeit in seinem Aschram zu bleiben.

Yoga als Vorsorgemedizin

Alles mitgebrachte neue Wissen beflügelte uns, es an unsere Schüler weiterzugeben.
Die 7 Lotusblüten aus dem Reisegepäck öffneten völlig überraschend ihre Blüten in unseren Unterrichtssälen, wurden mit Begeisterung aufgenommen und zeigten erstaunliche Erfolge.

Die 7 Lichtzentren

Die heiligste aller Zahlen

Warum gerade 7 Lotusblüten? 7 ist nicht nur die heiligste aller Zahlen, sondern nur 7 Stufen ermöglichen es, die Lebensenergie stufenweise beherrschen zu lernen. Man muß bei der ersten Stufe beginnen, denn nur von dort strömt ein fühlbar heißer Strom aufwärts.

Die Leiter der mystischen 7

Eines der wichtigsten Sinnbilder in diesem Zusammenhang ist die Leiter. In alten ägyptischen Gräbern findet man sie aus Holz oder anderen Materialien. Diese Leiter der mystischen 7. Sie ist nichts anderes als die biblische Leiter des Jakob oder die Leiter, auf der die göttliche Lebensenergie in der Reihenfolge über 7 Stufen aufsteigt, bis sie das Scheitelgeflecht erlangt.

Bei den Griechen hieß der Planet Merkur Hermes. Sein Symbol war ein Stab, um den sich zwei Schlangen winden und an dessen Ende zwei Flügel sind, die die Vereinigung von Sonne und Mond symbolisieren. Wieder ist es die Lebenskraft, die sich über 7 Sprossen aufwärts windet.

Wir finden in vielen Bereichen die Zahl 7: die 7 Tage der Woche, die 7 Meere, die 7 Leben, die 7 Planeten, 7 Töne der Oktave, 7 Zwerge, über den 7 Bergen, 7 Stirnzonen, die von den Himmelskörpern beherrscht werden; 7 Juwele in den 7 mystischen Lotussen; in 7 Tagen heilt eine Wunde; wenn in Tibet jemand stirbt, versorgt man ihn 7 x 7 Tage, als würde er noch unter den Lebenden weilen; es gibt 7 reiche und 7 magere Jahre; in den Märchen 7 Schwäne und 7 Nachtgeister und 7 Türen zu 7 Schätzen.

Die Aura oder okkulte Strahlenerscheinung, die einen Menschen umgibt, besteht aus 7 Farben.

Der Geist- oder Astralkörper ist der vollkommene, unverletzliche, unsterbliche Energiekörper, der in jedem Leben verfeinert und verschönt wiedergeboren wird. Mit ihm sind wir auf lebenswichtige Art mit allen Kräften des Universums verbun-

den. 7 durchscheinende Lichtgewänder hüllen ihn ein und schimmern in den Regenbogenfarben. Dieser Lichtmantel wird als Aura bezeichnet.
Sie leuchtet wie elektrische Flammen auf, wie blaue und orangefarbene Fackeln, wie große Bündel sprühender grüner, gelber, violetter, feuriger Blitze. Es ist phantastisch, ein geheimnisvolles Spiel – ein Feuerwerk! So zumindest sehen es Wissenschaftler, die einen Apparat konstruiert haben, der die Aura des Menschen sichtbar macht. Danach besteht unser Strahlenkleid aus den folgenden 7 Farben:

Die 7 Farben der menschlichen Aura

Rot – entspricht dem Geist des Lebens und Willens

Orange – entspricht dem Geist der Heiligkeit

Gelb – entspricht dem Geist der Wahrheit

Grün – entspricht dem Geist von Wachstum und Ewigkeit

Blau – entspricht dem Geist der verborgenen Mysterien

Violett – entspricht dem Geist der Opferung

Weiß – entspricht dem klaren Licht der Wirklichkeit – dem Heiligen Geist, der aus der Lotusblüte als göttliche Flamme hervorbricht.

Auch die 7 Städte und Seen von San Miguel auf den Azoren, unter denen die atlantischen Ruinen einst wieder auftauchen sollen, kennen die mystische 7. Eine reizende Geschichte sagt, daß die letzte Prinzessin von Atlantis ihre smaragdgrünen Pantöffelchen in dem einen und ihren blauen Kopfschmuck in dem anderen See verlor, deshalb die herrlichen blauen Farben der verborgenen Mysterien.

Die 7 Symbole des Tantra Reigens

Ebenso sind es 7 tantrische Liebesnächte aus dem Tantra Reigen der vollkommenen Lust, die mit 7 Nächten und 7 Farben und 7 Vereinigungen ihren mystischen Ablauf ordnen. Tantra Yoga ist Yoga der Liebe und verbindet Seele, Geist und Körper der Sonnenkraft und der Mondkraft mit ihren 7 Eigenschaften.

Die Liebespaare tragen in den 7 Nächten:		Und diese Farben versinnbildlichen für das Liebespaar:
1. die Farbe Grün	–	den Anfang
2. die Farbe Blau	–	das Erkennen
3. die Farbe Violett	–	die Hingabe
4. die Farbe Rot	–	die Vereinigung
5. die Farbe Orange	–	Vereinigung der Drei
6. die Farbe Gelb	–	Drei die eins werden
7. die Farbe Weiß	–	Vereinigung der vielen

7 ist die heiligste Zahl aller Zahlen, sie ist die mystische kosmische Zahl. Alles ist nach ihr aufgebaut.

Tibetischer Kalender mit den 7 geistigen Zentren.

Die 7 Stufen aus Tibet

Die tibetische Kalendertafel, mit deren Hilfe glückverheißende Tage und astrologische Vorhersagen von kundigen Yogis bestimmt werden, bestätigt den Zusammenhang und das unvermeidliche Fortschreiten auf den 7 Stufen.
Durch das Öffnen der aufeinanderfolgenden 7 Lotusblüten, die ganz gezielt auf die 7 Chakren des menschlichen Körpers wirken, stellt sich ein Zusammenhang her mit dem Universum, dessen Symbol die Lotusblüte am Bauch der Schildkröte ist, die links unten zu sehen ist.
Oben links sieht man klein den Mond, das Symbol der weiblichen Gefühlskraft.
Rechts oben sieht man die Sonne, das Symbol der männlichen Gefühlskraft.
Die Vereinigung von Sonnen- und Mondenergie, Männlichem und Weiblichem, wird in der Vereinigung zur Vollkommenheit.
Die quirlige, helle Lebenskraft des Mannes stellt die Quelle des Lebens dar; die ruhige, dunkle, geheimnisvolle Kraft der Frau stellt die Zugänglichkeit und Empfindsamkeit dar.
Deshalb wird in den Übungen der 7 Lotusblüten auch unterschieden zwischen dem Männlichen und dem Weiblichen, denn die Übungen erwecken verschiedene Energiekräfte.

Das entschlüsselte Wissen aus Tibet zur Vervollkommnung des Menschen

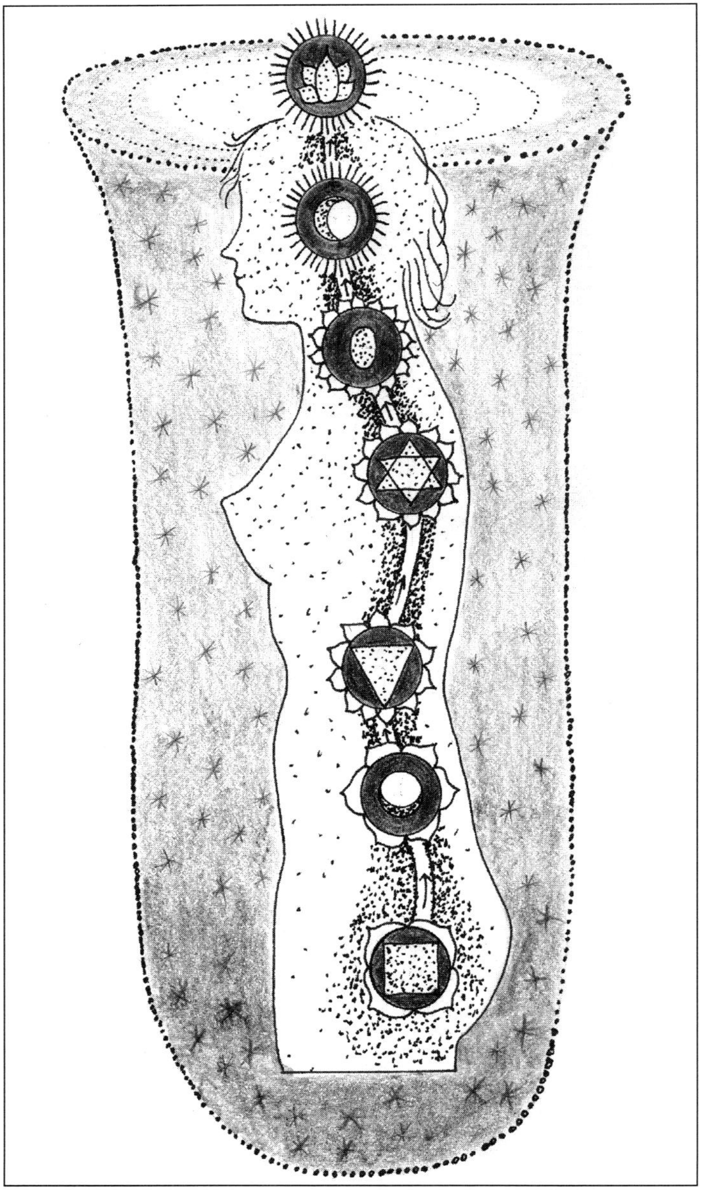

Die Symbole der 7 Lotusblüten

Die 7 Lotusblüten, die sich nacheinander im Körper öffnen und immer reichhaltiger ihre Blätter zeigen, werden auf der tibetischen Kupfertafel nicht nur beschrieben, sondern es werden ihnen auch geistige Symbole zugeordnet. Die Abfolge und die zugehörigen Symbole sind in der gegenüberliegenden Zeichnung verdeutlicht. Wie wir gesehen haben, ist auch das Körperuniversum des Menschen bestrebt, in tiefster Harmonie mit den Elementen zu sein. Über die 7 Lotusblüten wird der Körper über Nervengeflechte und Rückenmark mit diesen Elementen vereint.

7 Stufen mit 7 Symbolen zur Vereinigung mit den Elementen

1. Lotusblüte: Das Element Erde öffnet in einem Viereck seine vier Blätter im Beckengeflecht (sichtbarer Körper).
2. Lotusblüte: Das Element Wasser öffnet in einem Halbmond seine sechs Blätter im Nierengeflecht (Kreislauf).
3. Lotusblüte: Das Element Feuer öffnet in einem Dreieck seine zehn Blätter im Nabelgeflecht (innere Lebensenergie).
4. Lotusblüte: Das Element Luft öffnet in einem sechseckigen Stern seine zwölf Blätter im Herzgeflecht (Vitalität).
5. Lotusblüte: Das Element Äther öffnet in einem Oval seine sechzehn Blätter im Rachengeflecht (Äther, in dem sich Gedanken und Lebensenergie bewegen).
6. Lotusblüte: Die Vereinigung von Sonne und Mond öffnet im Sonne-Mond-Symbol seine Blätter (positiver und negativer Strom).
7. Lotusblüte: Die Göttliche Vereinigung öffnet ihre Blüte mit tausend Blättern (tausendstrahliger Lebensstrom).

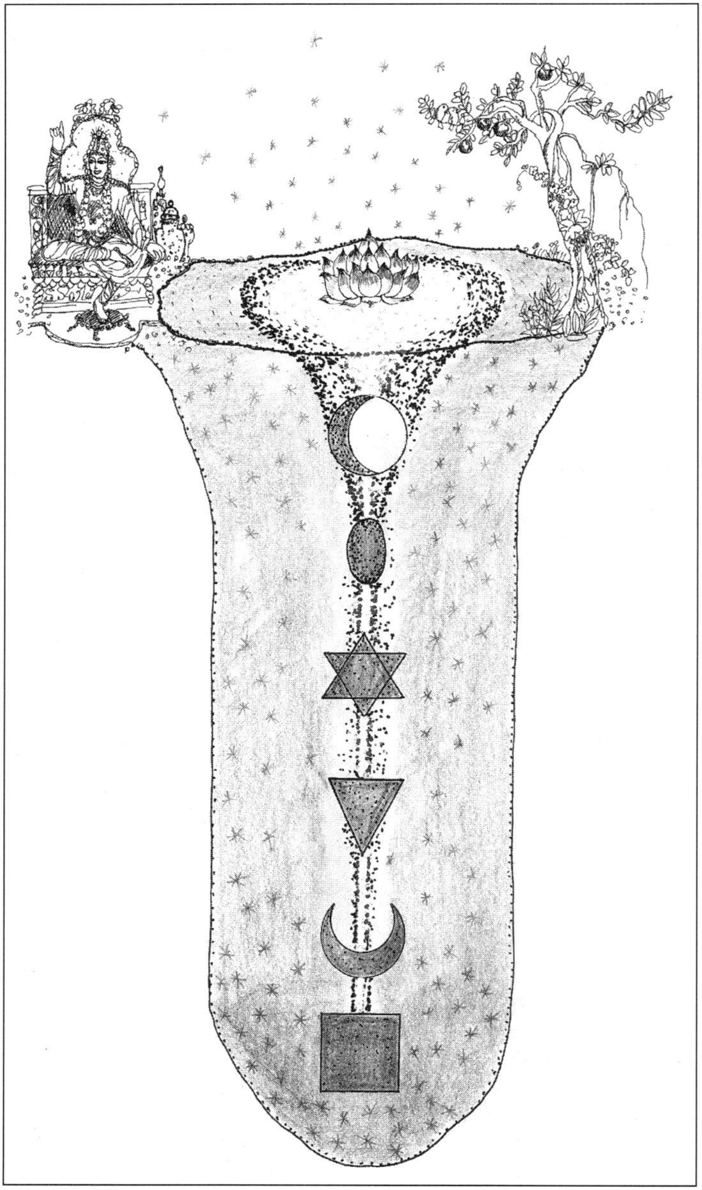

Die 7 Tage der Woche

Das Menschenleben gleicht einem ruhigen See. Mit jedem Atemzug steigt vom Urgrund des Sees pulsierende Lebensenergie empor, die alles durchdringt und belebt.
Die Lebensenergie nährt in der Mitte des Lebenssees eine weiße tausendblättrige Lotusblüte, deren Blätter zum Himmel emporstreben.

Jede Lotusblüte wirkt an jedem Tag auf ein Chakra des Körpers

Montag	durchpulst Lebensenergie mit dem Summen der Erde das Beckengeflecht.
Dienstag	durchfließt Lebensenergie mit den Flötentönen des Wassers das Nierengeflecht.
Mittwoch	klingt Lebensenergie mit den Harfentönen des Wassers im Nabelgeflecht.
Donnerstag	schwebt Lebensenergie als Glockenton der Luft durch das Herzgeflecht.
Freitag	rauscht Lebensenergie als ätherischer Wind durch das Rachengeflecht.
Samstag	verbindet sich die Lebensenergie der Sonne mit der Lebensenergie des Mondes im Nasengeflecht.
Sonntag	breitet sich Lebensenergie als Geborgenheit und Liebe über dem Kind der Schöpfung aus, leuchtet über dem Scheitelgeflecht.

Durch die 7 Lotusblüten steigt in 7 Tagen Lebensenergie vom Grunde des Sees zur Lotusblüte empor.

1

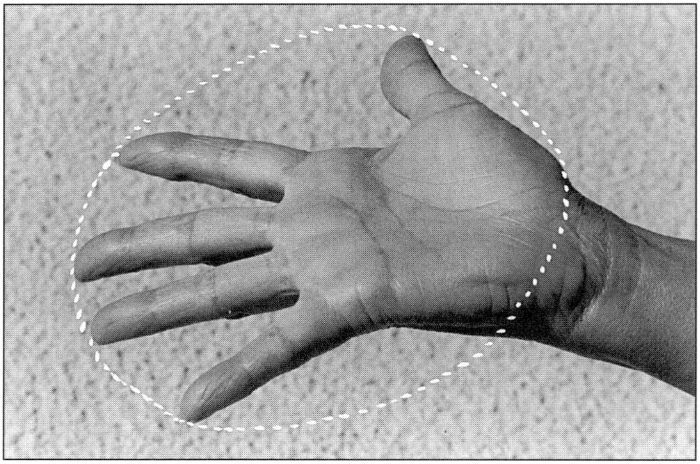

2

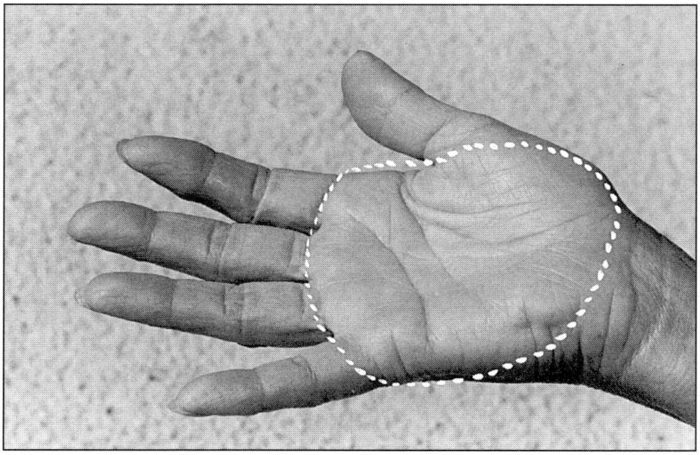

Lebensenergie – fühlbar gemacht

Diese durch die 7 Lotusblüten angeregte nach oben steigende Energie wird Lebenskraft (Kuṇḍalinī) und auch Schlangenkraft genannt.
Eine ganz einfache Übung ermöglicht es uns, diese elektrisch geladene wirbelnde Energiesäule selbst zu fühlen.

Der mystische Zauber der Lebenskraft

1 Spanne deine ganze Handfläche an, indem du deine Finger nach unten drückst.
Während du 7 mal ruhig und langsam atmest, fühlst du, wie sich über deiner Hand ein Wärmekreis ansammelt.
Er fühlt sich an wie ein Rad, das wie ein Strudel Kraft an sich zieht und sich dadurch allmählich immer mehr erwärmt. Dann lockere und entspanne die Hand behutsam.

2 Spanne nun deine Handinnenfläche an, indem du sie dehnst. Während du 7 mal ruhig und langsam atmest, fühlst du, wie sich über deiner Handinnenfläche ein Wärmekreis ansammelt.
Er fühlt sich an wie ein Rad, das wie ein Strudel Kraft an sich zieht und sich dadurch allmählich immer mehr erwärmt. Dann lockere und entspanne die Hand behutsam.

1

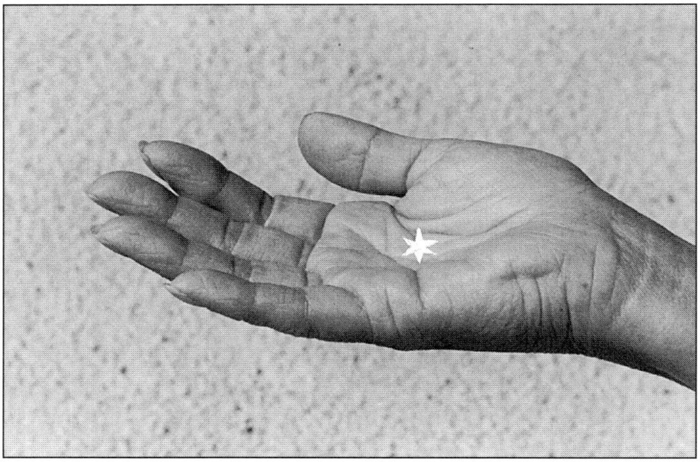

2

1 Atme ruhig und gleichmäßig durch die Nase. Konzentriere dich auf einen kleinen Punkt genau in der Mitte deiner Handinnenfläche.
Konzentriere dich so lange, bis du Wärme in diesem Punkt fühlst. Oder ein elektrisches Prickeln. Vielleicht auch das Pochen eines winzigen Herzens. Oder das Drehen eines winzigen Rades.

2 Wenn du dir des Mittelpunktes in deiner Handinnenfläche bewußt bist, halte deine andere Hand darüber.
Fühle, wie Wärme vom unteren Punkt zum oberen Punkt hochströmt, und wie eine kleine Lichtsäule aufwärts steigt und sich mit den beiden Punkten in den Handflächen verbindet, zwischen diesen hin- und herströmt.
Jetzt hältst du eine leuchtende Energiesäule aus Wärme zwischen deinen Handflächen. Sie kann so warm strahlen wie ein kleiner Ofen.

Die fühlbare Energiesäule zwischen den Handflächen

Fotografiert man die Energiesäule mit einem geeigneten Gerät, sieht sie aus wie eine Säule in den Farben des Regenbogens.
Diese Energie, die du jetzt fühlst, erweckst du bei jeder einzelnen Lotusblüte. Lebensenergie strahlt dann ebenso in einem Wärmerad aus deinem geistigen Zentrum, das du harmonisierst und aktivierst.

1

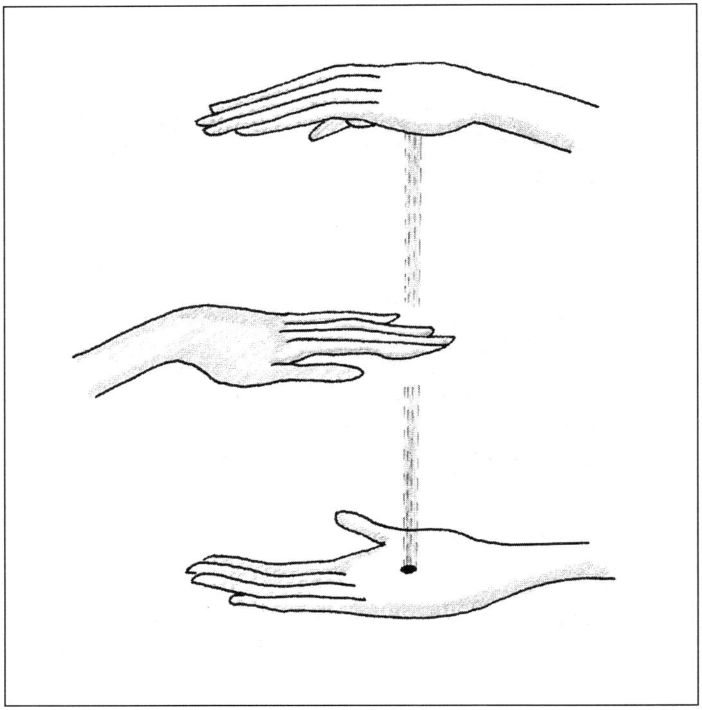

2

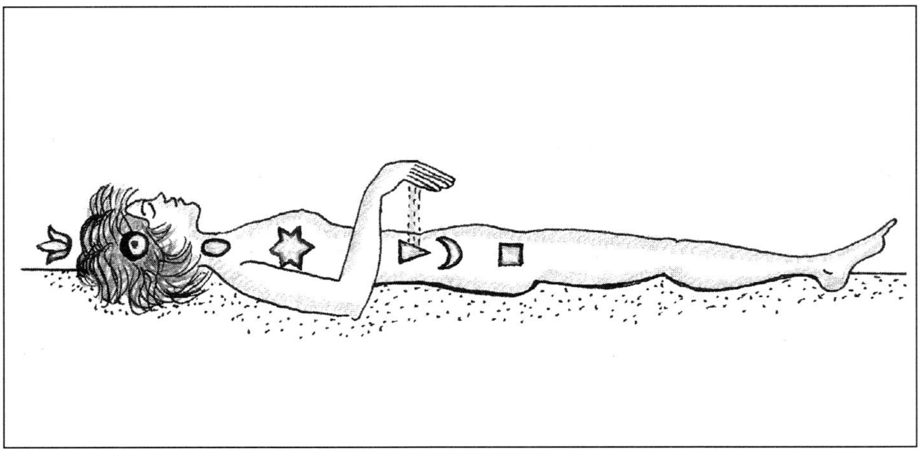

1 Wenn du die Wärmesäule aus Lebensenergie zwischen den beiden Handflächen bei einem anderen Menschen fühlen möchtest, dann mußt du behutsam mit deiner Hand durch diese Säule hindurchfahren.
Fahre ganz zart mit geöffneter Hand und geschlossenen Fingern durch die Säule aus Wärme und Energie hindurch.
Derjenige, bei dem die Wärmesäule durchbrochen wird, fühlt ganz genau, wie sie geteilt wird, wenn die Hand eines anderen zart hindurchführt.

Die Lebenskraft kann auch ein anderer spüren

2 Wenn du die 7 folgenden Lotusblüten genau und konzentriert ausführst, kannst du nach jeder Übung ganz genau mit der geöffneten Hand und geschlossenen Fingern die Wärmesäule emporstrahlen fühlen, wenn du die Hand zehn bis zwanzig Zentimeter darüber hältst.
Prüfe, wie die von dir erzeugte Lebensenergie aus dem jeweiligen Nervengeflecht in deine Hand emporstrahlt.

Wärmesäule über den 7 Nervengeflechten

Die 7 Lotusblüten für die Frau

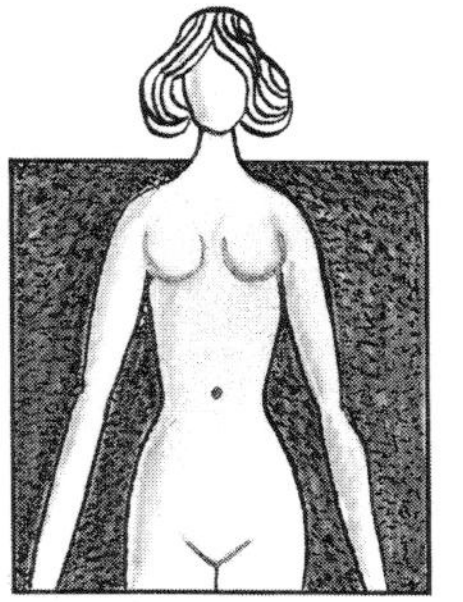

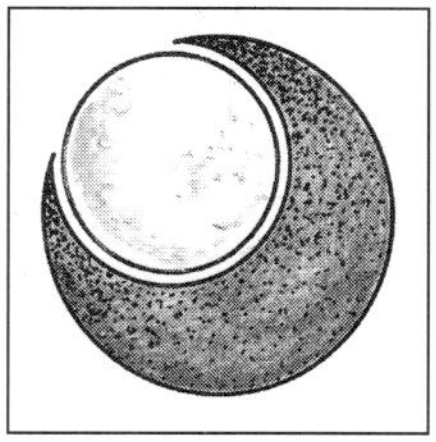

Vorbemerkung

Der Körper ist die Wohnung unserer Seele, er ist unser kostbarster Besitz, und als solchen sollten wir ihn auch behandeln.

Lotusblüte! In meinem Herzen neige ich mich wieder und wieder vor dir – dem ewigen Licht, in dem alle Formen verschmelzen

1. Du kannst sofort mit den 7 Lotusblüten beginnen. Am Montag mit der 1. Lotusblüte, am Dienstag mit der 2. Lotusblüte usw.
2. Die 7 Lotusblüten können jederzeit ausgeführt werden, keinesfalls jedoch mit vollem Magen.
3. Alle Übungen macht man auf einer warmen und weichen Decke am Boden.
4. Ein- und Ausatmen geschieht nur durch die Nase. Der Mund ist dabei leicht geöffnet, und ein Lächeln umspielt ihn, was außerordentlich entspannt.
5. Konzentriere dich auf das jeweilige Symbol.
6. Schenke dich voll und ganz der Lotusblüte, die du ausführst.
7. Wichtig ist nicht nur die einzelne Übung, sondern die Reihenfolge der 7 Lotusblüten. Nur wer alle 7 Übungen regelmäßig ausführt, wird Erfolg ernten.

Ziel

Die fortgeschrittenen Schüler entwickeln nach und nach mehr Selbstbewußtsein, Vorahnungsvermögen und Intuition. Sie vermindern ungesunde Eßgewohnheiten und Lebensgewohnheiten, verbessern die Haut, das Abwehrsystem, entgiften und entschlacken den ganzen Körper, verkürzen jeden Heilungsprozeß und steigern die Leistungsfähigkeit.
Durch die Ausführung der 7 Lotusblüten bringt man den Geist, der die höchste Entwicklungsstufe von Energie ist, dazu, bewußter durch den Körper zu fließen. So wie das Blut Sauerstoff befördert, befördert der Geist Lebenskraft.
Darin liegt das Geheimnis der Wiederbelebung und Erhaltung eines schönen gesunden Körpers.

1. Lotusblüte

Montag

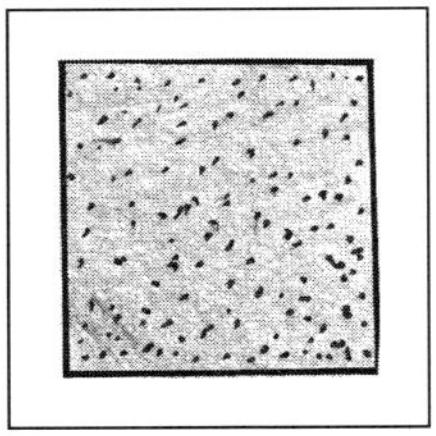

Konzentrationssymbol
Viereck

Das Viereck ■ befindet sich im Rückenmarkzentrum unterhalb der Genitalien (Eierstöcke). Es wird körperlich sichtbar an den Geschlechtsdrüsen und dem Beckengeflecht. Den Geschlechtsdrüsen obliegt es, unsere Persönlichkeit strahlend und magnetisch zu machen und es uns zu ermöglichen, andere Menschen anzuziehen und ihre Zuneigung zu erhalten.
Die Hormone der Geschlechtsdrüsen erzeugen in unserem Organismus innere Wärme und verhüten alle Neigungen zur Erstarrung, Verhärtung und Versteifung.

Vorsorge

Durch die 1. Lotusblüte wird der Magen-Darm-Trakt gereinigt und die Blutzirkulation in den unteren Gliedmaßen verbessert. Sie schützt vor Arthritis in Beinen und Knien. Lenden und Rücken werden widerstandsfähig, und Lenden- und Beckenknochen bleiben beweglich.
Keine Lotusblüte macht so schlank und wirkt so verjüngend auf Körper und Geist wie die 1. Lotusblüte. Darüber hinaus vermindert sie das Hungergefühl.

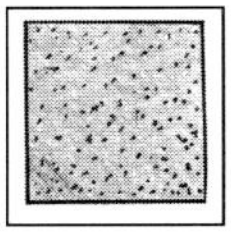

Konzentrations-symbol

1. Lege dich ausgestreckt auf den Boden.
2. Umarme das linke Knie und ziehe es an den Brustkorb heran.
3. Hebe den Kopf und das rechte Bein.
4. Atme ruhig und gleichmäßig 7 mal in das Viereck (Beckengeflecht).

Ruhe dich kurz aus.

5. Umarme das rechte Knie und ziehe es an den Brustkorb heran.
6. Hebe den Kopf und das linke Bein.
7. Atme ruhig und gleichmäßig 7 mal in das Viereck (Beckengeflecht).

Ruhe dich kurz aus.

8. Liege ausgestreckt auf dem Rücken und entspanne ganz bewußt dein Beckengeflecht. Fühle die Wärme und das Pulsieren im Beckengeflecht, mit der sich deine Lebenskraft bemerkbar macht, während du 14 mal ruhig und gleichmäßig atmest.

Stehe langsam auf.

9. Trinke aus einem schönen Trinkgefäß $^1/_4$ l Leitungswasser oder Mineralwasser, um deinen Körper zu reinigen.

Trinke täglich 7 Gläser Wasser.

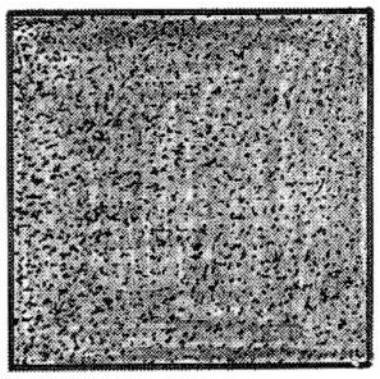

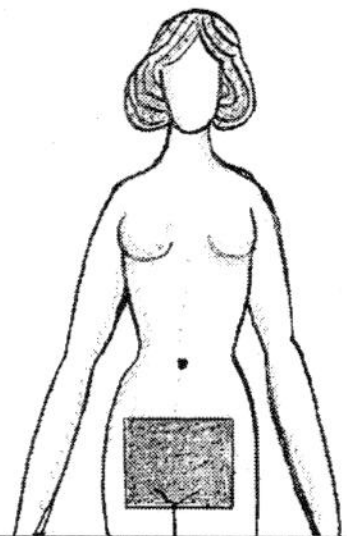

2. Lotusblüte

Dienstag

Konzentrationssymbol
Halbmond

Der Halbmond  befindet sich im Rückenmarkzentrum oberhalb der Genitalien (Eierstöcke) unter dem Bauchnabel. Er wird körperlich sichtbar an den Adrenalindrüsen und dem Nierengeflecht.
Die Nebennieren fördern die innere Energie. Sie verstärken den Kreislauf, die Sauerstoffaufnahme und die reinigenden Kräfte des Blutes und regulieren den Flüssigkeitshaushalt.

Vorsorge

Die 2. Lotusblüte regelt wichtige Funktionen der Nebennieren. Sie ist besonders bei Rückenschmerzen zu empfehlen, falls diese durch Überanstrengung entstanden sind. Sie stärkt die sympathischen Nerven und bringt eine Verschiebung innerhalb der Wirbelsäule in Ordnung.
Die 2. Lotusblüte macht das Rückgrat elastisch und kräftigt die Bauchmuskeln. Für Frauen, die an Erkrankungen der Eierstöcke und der Gebärmutter leiden, ist diese Übung besonders empfehlenswert. Wer nach dem Essen Blähungen hat, sollte sie gezielt einsetzen. Die 2. Lotusblüte wirkt auch vorbeugend gegen Übergewicht.

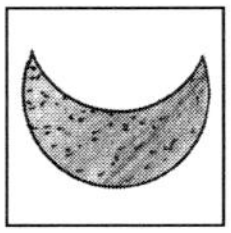

Konzentrations-symbol

1. Lege dich auf den Bauch. Beine geschlossen am Boden.
2. Der Körper berührt vom Nabel bis zu den Zehen den Boden.
3. Strecke die Arme aus und stütze dich auf beide Hände.
4. Lege den Kopf so weit zurück, wie es dir angenehm ist. Öffne leicht den Mund und lächle, damit deine Kiefergelenke entspannt sind.
5. Atme ruhig und gleichmäßig 14 mal in den Halbmond  (Nierengeflecht).

Ruhe dich kurz aus.

6. Lege dich jetzt auf den Rücken und entspanne ganz bewußt dein Nierengeflecht. Fühle die Wärme und das Pulsieren im Nierengeflecht, mit der sich deine Lebenskraft bemerkbar macht, während du 14 mal ruhig und gleichmäßig atmest.

Stehe langsam auf.

7. Trinke aus einem schönen Trinkgefäß $^{1}/_{4}$ l Leitungswasser oder Mineralwasser, um deinen Körper zu reinigen.

Trinke täglich 7 Gläser Wasser.

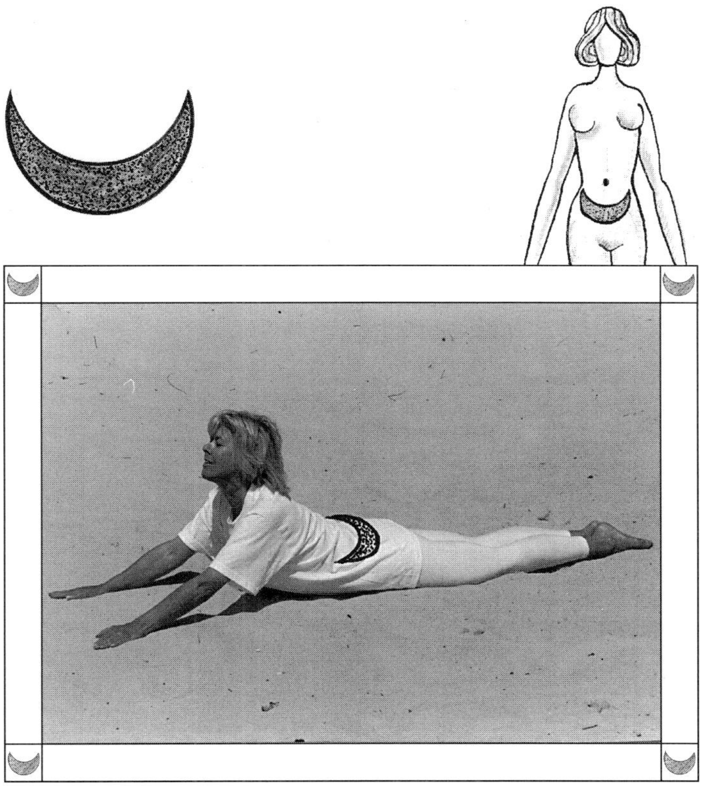

3. Lotusblüte

Mittwoch

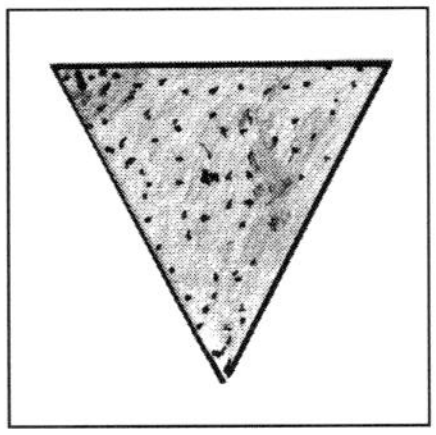

Konzentrationssymbol
Dreieck

Das Dreieck ▼ befindet sich im Rückenmarkzentrum gegenüber dem Nabel. Es wird körperlich sichtbar an der Bauchspeicheldrüse und dem Nabelgeflecht.
Das Nabelgeflecht (Solarplexus) ist oft das zweite Gehirn genannt worden, und seine psychosomatische Bedeutung wurde jedem, der schon einmal unter »nervösen Gefühlen« im Magen, im Herzen usw. gelitten hat, deutlich.

Vorsorge

Mit der 3. Lotusblüte werden diese Spannungen gelöst. Sie beugt Lethargie und Müdigkeit vor, schenkt innere Ausgeglichenheit. Es gibt keine wirksamere Übung gegen Schlappsein, da die Blutzirkulation angeregt wird. Die 3. Lotusblüte wirkt vorbeugend gegen jede Art von Gefühlsspannungen.

Vorsicht

Menschen, die an Knie- oder Hüftverletzungen leiden, dürfen diese Übung nicht ausführen. Für sie ist auf Seite 108 eine ebenso wirksame Ersatzübung angegeben.

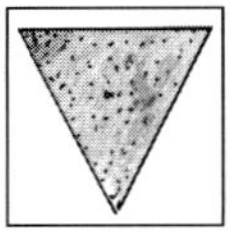

Konzentrations-symbol

1. Linkes Bein nach hinten durchstrecken. Rechtes Bein anwinkeln.
2. Hände zu Fäusten ballen. Der Daumen liegt innen.
3. Linke Faust liegt auf dem Nabel. Der rechte Arm wird gerade nach vorne gestreckt.
4. Atme ruhig und gleichmäßig 7 mal in das Dreieck  (Nabelgeflecht).

Ruhe dich kurz aus.

5. Rechtes Bein nach hinten durchstrecken. Linkes Bein anwinkeln.
6. Rechte Faust liegt am Nabel. Der linke Arm wird gerade nach vorne gestreckt.
7. Atme ruhig und gleichmäßig 7 mal in das Dreieck  (Nabelgeflecht).
8. Lege dich auf den Rücken und strecke dich bequem aus. Entspanne ganz bewußt dein Nabelgeflecht. Atme ruhig und gleichmäßig 14 mal und fühle die Wärme, mit der sich deine Lebenskraft bemerkbar macht.

Stehe langsam auf.

9. Trinke aus einem schönen Trinkgefäß $^1/_4$ l Leitungswasser oder Mineralwasser, um deinen Körper zu reinigen.

Trinke täglich 7 Gläser Wasser.

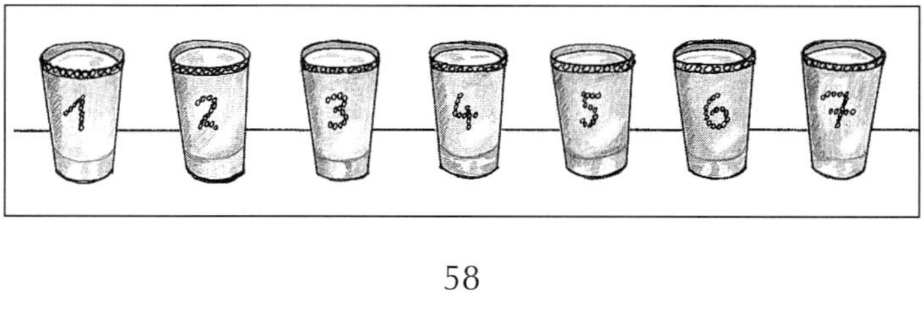

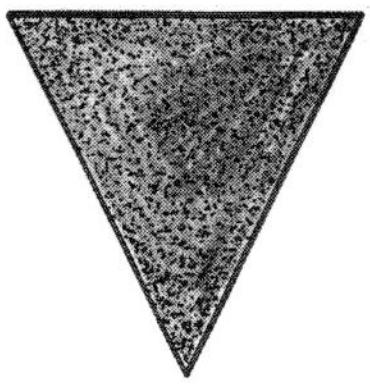

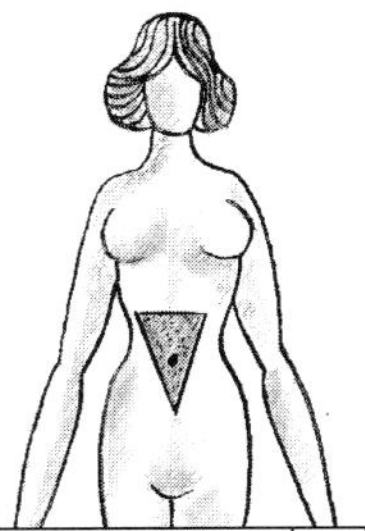

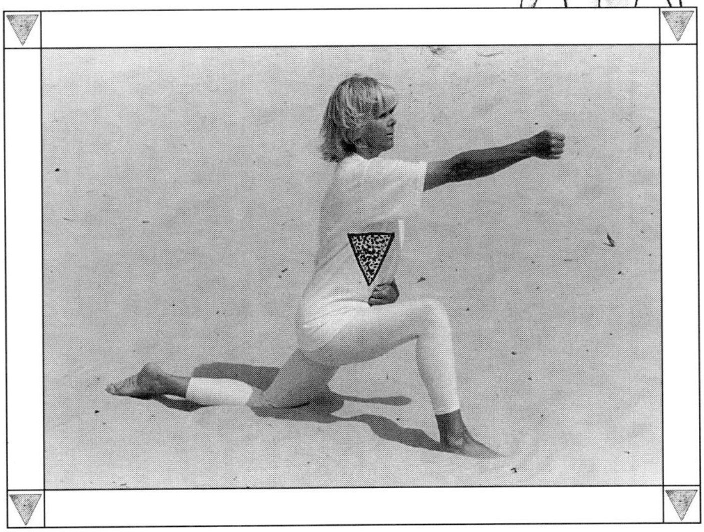

4. Lotusblüte

Donnerstag

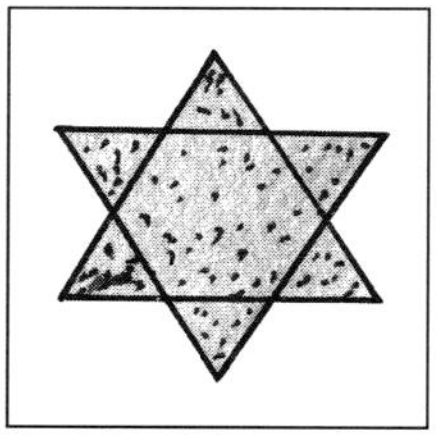

Konzentrationssymbol
Stern

Der Stern ✡ befindet sich im Rückenmarkzentrum des Herzens. Er wird körperlich sichtbar am Herzgeflecht und der Thymusdrüse, die hinter dem Brustbein liegt. Die Thymusdrüse ist von grundlegender Bedeutung für die Funktionsfähigkeit des Immunsystems.

Vorsorge

Die 4. Lotusblüte schützt vor Erkrankungen der Leber, vor psychosomatischen Störungen wie Angina pectoris, Herzklopfen und Abwehrschwäche. Sie ermöglicht es dem Körper, größere Mengen Sauerstoff aufzunehmen, wodurch in erhöhtem Maße Kohlendioxyd ausgeschieden wird.
Die 4. Lotusblüte ist für Frauen besonders segensreich, weil sie Gesundheit und ein jugendliches, strahlendes Aussehen schenkt. Sie darf auch während der Schwangerschaft ausgeübt werden. Darüber hinaus wird das Abwehrsystem gestärkt.

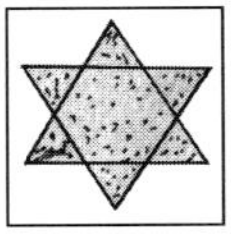

Konzentrationssymbol

1. Stehe mit geschlossenen Beinen aufrecht.
2. Hebe den rechten Arm hoch.
3. Strecke den linken Arm seitlich aus, und hebe das linke Bein. Versuche ruhig zu stehen.
4. Atme ruhig und gleichmäßig 7 mal in den Stern (Herzgeflecht).

Ruhe dich kurz aus.

5. Hebe den linken Arm hoch.
6. Strecke den rechten Arm seitlich aus, und hebe das rechte Bein. Versuche ruhig zu stehen.
7. Atme ruhig und gleichmäßig 7 mal in den Stern (Herzgeflecht).

Ruhe dich kurz aus.

8. Lege dich mit dem Rücken auf den Boden. Arme seitlich, Handflächen nach oben. Entspanne ganz bewußt dein Herzgeflecht, während du ruhig und gleichmäßig 14 mal atmest. Fühle die Wärme und die Leichtigkeit, mit der sich deine Lebenskraft bemerkbar macht.
9. Trinke aus einem schönen Trinkgefäß $^1/_4$ l Leitungswasser oder Mineralwasser, um deinen Körper zu reinigen.

Trinke täglich 7 Gläser Wasser

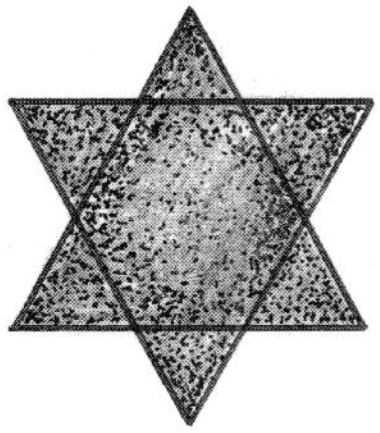

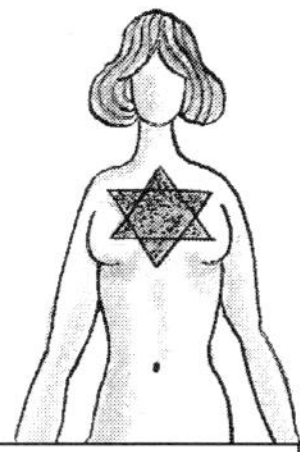

5. Lotusblüte

Freitag

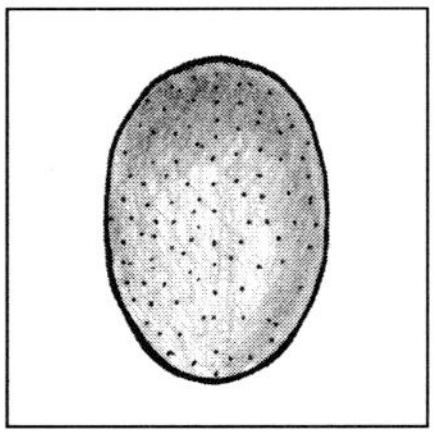

Konzentrationssymbol
Oval

Das Oval befindet sich im Rückenmarkzentrum der Kehlgegend. Es wird körperlich sichtbar an der Schilddrüse und dem Rachengeflecht. Die Schilddrüse ist für die innere Aktivität unseres Körpers verantwortlich. Sie verhütet Schlaffheit des Gewebes und Verknöcherung.
Je nach Grad der Schilddrüsentätigkeit ist der Mensch anregend oder fade, heitergelaunt oder mißmutig, aufgeweckt oder gleichgültig.
Die Nebenschilddrüsen kontrollieren Verteilung und Wirkung von Phosphor und Kalzium in unserem Organismus und halten dadurch das Stoffwechselgleichgewicht aufrecht. Bei normaler Funktion dieser Drüsen ergeben sich Ausgeglichenheit und Ruhe.

Vorsorge

Die 5. Lotusblüte regelt die Tätigkeit der Geschlechtsdrüsen und der Schilddrüse und wirkt ausgezeichnet auf die Beckengegend. Sie stellt Lebenskraft und jugendliches Aussehen wieder her. Die tägliche Ausführung dieser Übung verhütet vorzeitiges Altern und hält unerwünschte Gesichtsfalten fern.

Vorsicht

Bei Schnupfen, Bluthochdruck und organischen Erkrankungen der Schilddrüse muß diese Übung unterlassen werden. Als Ersatzübung kann die 5. Lotusblüte des Mannes gemacht werden (Seite 96 ff.).

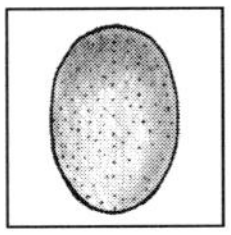

Konzentrationssymbol

1. Lege dich auf den Boden.
2. Hebe Beine und Rücken.
3. Stütze dabei den Körper mit beiden Händen in den Hüften.
4. Atme ruhig und gleichmäßig 14 mal in das Oval  (Rachengeflecht).

Löse die Position langsam.

5. Lege dich entspannt auf den Rücken. Arme seitlich mit Handflächen nach oben. Atme 14 mal und entspanne ganz bewußt dein Rachengeflecht. Fühle die Wärme und tiefe Ruhe, die dich durchströmt.

Stehe langsam auf.

6. Trinke aus einem schönen Trinkgefäß $^1/_4$ l Leitungswasser oder Mineralwasser, um deinen Körper zu reinigen.

Trinke täglich 7 Gläser Wasser.

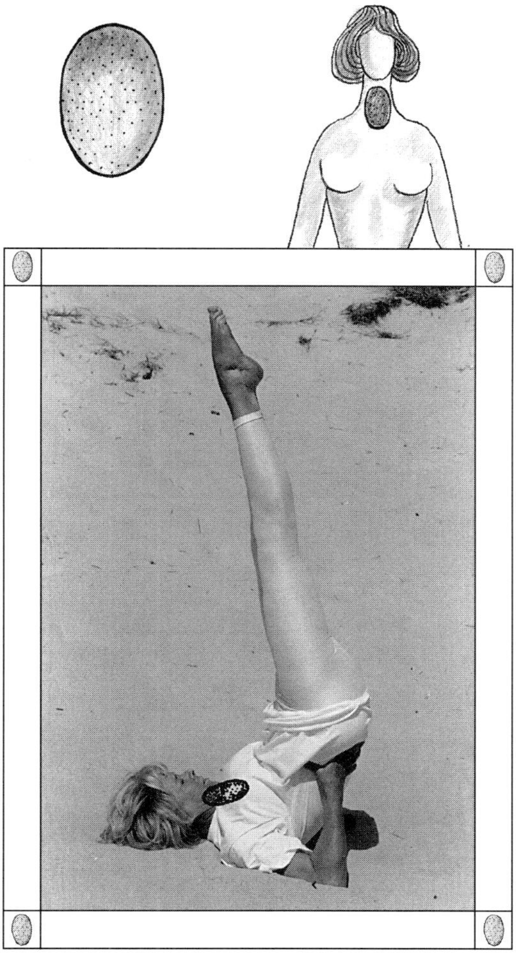

6. Lotusblüte

Samstag

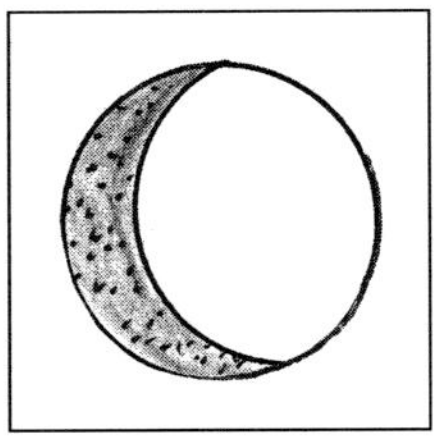

Konzentrationssymbol
Mond – Sonne

Mond – Sonne befindet sich zwischen den Brauen. Dieses Verbindungssymbol deutet die Vereinigung von Halbmond und Sonne an. Der halbvollendete Mond symbolisiert die Seele und die Sonne Christus. Das Symbol des Halbmondes und der Sonne kehrt in allen alten Schriften immer wieder und bezeichnet die mystische Hochzeit. Das Verbindungssymbol wird körperlich sichtbar an der Hypophyse und dem Nasengeflecht. Die Hauptdrüse gibt allen anderen Drüsen, die von ihr abhängig sind wie ein Orchester von der ersten Geige, den Ton an.
Sie hält die Leistungsfähigkeit der verschiedenen Strukturen aufrecht und verhindert eine übermäßige Anhäufung von Fett. Ein gelockerter freier Mensch hat sicherlich eine normale, gesunde Hauptdrüse.

Vorsorge

Die 6. Lotusblüte ist wie keine andere geeignet, einen Menschen vor Spannungen, Sorgen und Angstzuständen zu bewahren. Da sie den Körper geradestreckt und allen Haltungsschäden vorbeugt, kann man bis ins hohe Alter einen geraden Rücken behalten. Sie ist eine wunderbare Vorbeugung für Schulter- und Rückenverspannungen und den Tennisarm.

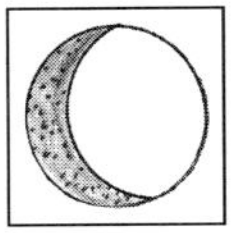

Konzentrations-symbol

1. Lege dich mit dem Gesicht nach unten auf den Boden.
2. Strecke beide Arme nach vorne, die Ellenbogen sind durchgestreckt.
3. Lege die linke Hand über die rechte und ziehe deinen Körper sanft in die Länge, als wolltest du den Wirbelsäulenkanal frei machen.
4. Atme sehr ruhig und gleichmäßig vom Streißbein hinauf in die Kopfmitte und von dort wieder hinunter. Atme 14 mal hinauf und hinunter.

Löse die Position.

5. Lege die rechte Hand über die linke und strecke die Ellenbogen durch.
6. Atme sehr ruhig und gleichmäßig 14 mal zwischen Steißbein und Kopfmitte herauf und hinunter.

Löse die Position.

7. Lege dich auf den Rücken. Während du 14 mal ruhig und gleichmäßig atmest, entspannst du ganz bewußt das Nasengeflecht in der Kopfmitte und fühlst die tiefe Ruhe, die sich in deiner Kopfmitte ausbreitet.

Stehe langsam auf.

8. Trinke aus einem schönen Trinkgefäß $^1/_4$ l Leitungswasser oder Mineralwasser, um deinen Körper zu reinigen.

Trinke täglich 7 Gläser Wasser.

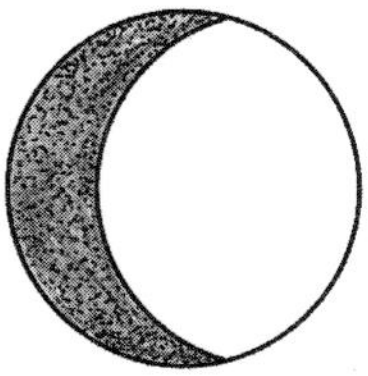

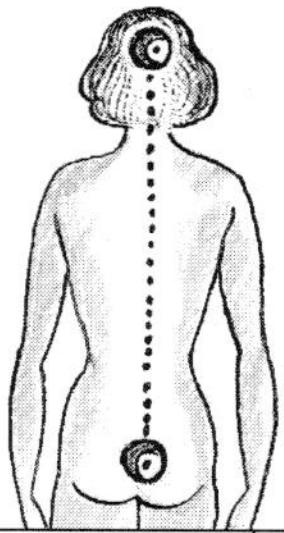

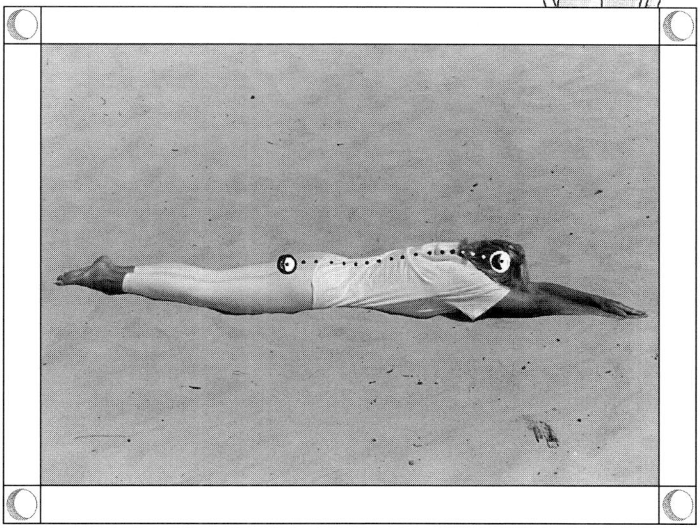

7. Lotusblüte

Sonntag

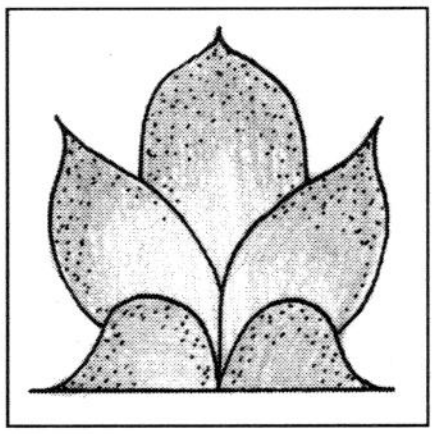

Konzentrationssymbol
Lotusblüte

Die Lotusblüte befindet sich am Scheitel deines Hauptes. Der tausendblättrige Lotus ist der Hochsitz des Geistes. Die tausendblättrige Lotusblüte ist eine Andeutung auf die Tausenden und Abertausenden von Hirnzellen, die im Großhirn enthalten sind.
Die Drüse, die mit dem Scheitel des Hauptes verbunden ist, ist die Zirbeldrüse. Es heißt, daß man mit bestimmten Übungen die Zirbeldrüse aus ihrem schlafenden Zustand erwecken kann und schlummernde Talente sichtbar werden.

Vorsorge

Die 7. Lotusblüte verhindert Niedergeschlagenheit und Depressionen sowie Über- und Unterfunktionen von Nasen-, Augen- und Mundflüssigkeiten in den Wechseljahren. Sie sorgt für Konzentrationskraft und Entspannung. Sollte die Übung stehend für jemand zu anstrengend sein, kann sie auch sitzend ausgeführt werden oder liegend, wenn einem das Sitzen mit geradem Rücken schwerfällt.
Durch die ruhige Atmung wird das Abwehrsystem gestärkt. Die 7. Lotusblüte wirkt vorbeugend gegen Verspannungen, Sorgen und Ängste.

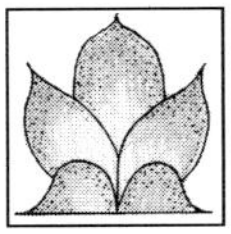

Konzentrations-symbol

1. Stehe ganz ruhig aufrecht mit geschlossenen Füßen.
2. Lege deine Handflächen aneinander wie im Gebet.
3. Drücke die Daumen gegen das Brustbein, die Unterarme liegen am Oberkörper an.
4. Konzentriere dich auf die Lotusblüte  über deinem Scheitel. Sieh in die geöffnete Lotusblüte mit ihren tausend Blättern und versuche, in ihrer Mitte das zu sehen, was du dir als »Göttliches Prinzip« vorstellst.
5. Atme ruhig und gleichmäßig 14 mal mit einem Lächeln auf den Lippen und im Herzen und konzentriere dich auf das Bild, das du in der Mitte der Lotusblüte siehst.

Löse die Position.

6. Lege dich auf den Rücken, die Arme liegen entspannt mit den Handflächen nach oben neben dem Körper. Fühle die tiefe Ruhe und Wärme, die deinen Körper durchströmt, während du ganz ruhig 14 mal atmest.

Steh langsam auf.

7. Trinke aus einem schönen Trinkgefäß $^1/_4$ l Leitungswasser oder Mineralwasser, um deinen Körper zu reinigen.

Trinke täglich 7 Gläser Wasser.

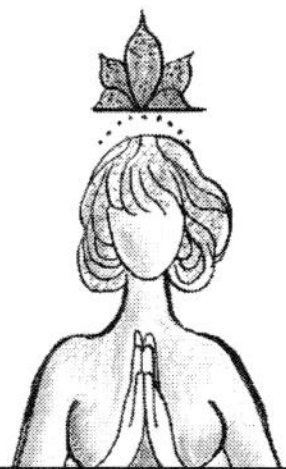

Die 7 Lotusblüten für den Mann

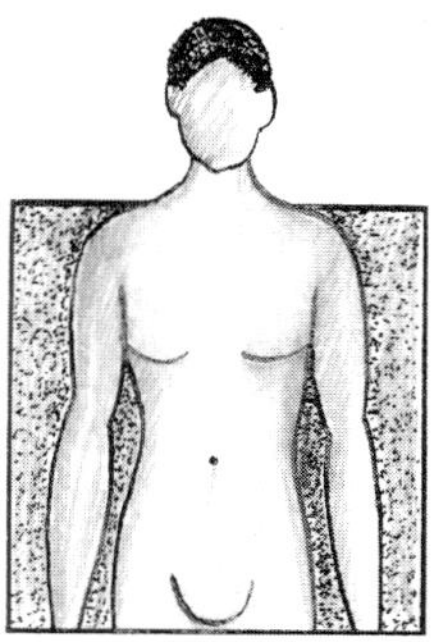

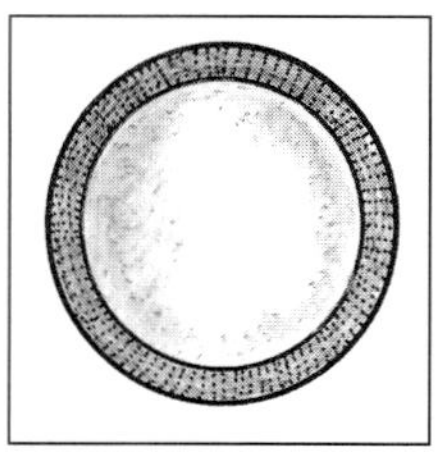

Vorbemerkung

Schöpfer, ich will mich auf deiner Hand niederlassen, die liebend ausgestreckt ist, mich zu empfangen

Der Körper ist die Wohnung unserer Seele, er ist unser kostbarster Besitz, und als solchen sollten wir ihn auch behandeln.

1. Du kannst sofort mit den 7 Lotusblüten beginnen. Am Montag mit der 1. Lotusblüte, am Dienstag mit der 2. Lotusblüte usw.
2. Die 7 Lotusblüten können jederzeit ausgeführt werden, keinesfalls jedoch mit vollem Magen.
3. Alle Übungen macht man auf einer warmen und weichen Decke am Boden.
4. Ein- und Ausatmen geschieht nur durch die Nase. Der Mund ist dabei leicht geöffnet, und ein Lächeln umspielt ihn, was außerordentlich entspannt.
5. Konzentriere dich auf das jeweilige Symbol.
6. Schenke dich voll und ganz der Lotusblüte, die du ausführst.
7. Wichtig ist nicht nur die einzelne Übung, sondern die Reihenfolge der 7 Lotusblüten. Nur wer alle 7 Übungen regelmäßig ausführt, wird Erfolg ernten.

Ziel

Die fortgeschrittenen Schüler entwickeln nach und nach mehr Selbstbewußtsein, Vorahnungsvermögen und Intuition. Sie vermindern ungesunde Eßgewohnheiten und Lebensgewohnheiten, verbessern die Haut, das Abwehrsystem, entgiften und entschlacken den ganzen Körper, verkürzen jeden Heilungsprozeß und steigern die Leistungsfähigkeit.
Durch die Ausführung der 7 Lotusblüten bringt man den Geist, der die höchste Entwicklungsstufe von Energie ist, dazu, bewußter durch den Körper zu fließen. So wie das Blut Sauerstoff befördert, befördert der Geist Lebenskraft.
Darin liegt das Geheimnis der Wiederbelebung und Erhaltung eines schönen gesunden Körpers.

1. Lotusblüte

Montag

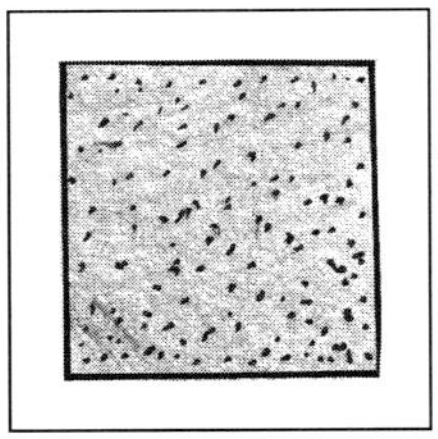

Konzentrationssymbol
Viereck

Das Viereck ▒ befindet sich im Rückenmarkzentrum unterhalb der Genitalien (Hoden). Es wird körperlich sichtbar an den Geschlechtsdrüsen und dem Beckengeflecht.
Glänzende Augen, Leuchtkraft des Wesens, Selbstvertrauen und Selbstsicherheit sind immer das Zeichen, daß diese Drüsen richtig funktionieren. Um zu verstehen, warum die falsche Funktion der verschiedenen Drüsen durch gezielte Übungen normalisiert werden kann, muß man sich klarmachen, daß unser Drüsensystem die Übertragungsstelle der Lebenskräfte ist, die sich im Körper auswirken.

Vorsorge

Durch die 1. Lotusblüte werden alle Gewebe und Organe besser durchblutet: Unterleib, Lunge, Brust, Schultern, Oberschenkel, Knie, Waden, Gesäß und Wirbelsäule. Der gesamte Körper gewinnt an Stärke und Gewandtheit. Sie beugt psychosomatischen Symptomen wie Impotenz vor.
Die 1. Lotusblüte ist eine Potenz-Übung. Sie hat eine große Bedeutung in der Vorsorgemedizin, da Störungen im Beckengeflecht für Impotenz verantwortlich sein können.

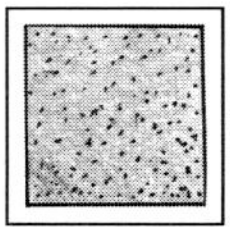

Konzentrations-symbol

1. Setze dich mit gespreizten Beinen.
2. Schiebe den rechten Arm unter das rechte Knie. Den linken Arm unter das linke Knie.
3. Hebe beide Beine hoch und verschränke die Füße. Atme immer nur durch die Nase aus und ein.
4. Atme gleichmäßig und ruhig 14 mal in Gedanken durch die Wirbelsäule in das  im Beckengeflecht.

Löse vorsichtig die Position.

5. Lege dich auf den Rücken. Lockere und entspanne ganz bewußt dein Beckengeflecht, während du 14 mal ruhig und gleichmäßig atmest. Fühle die Wärme im Beckengeflecht. Spüre das Pulsieren, mit der sich die Lebenskraft bemerkbar macht.

Stehe langsam auf.

6. Trinke aus einem schönen Trinkgefäß $^{1}/_{4}$ Liter klares Leitungswasser oder Mineralwasser, um deinen Körper zu reinigen.

Trinke täglich 7 Gläser Wasser.

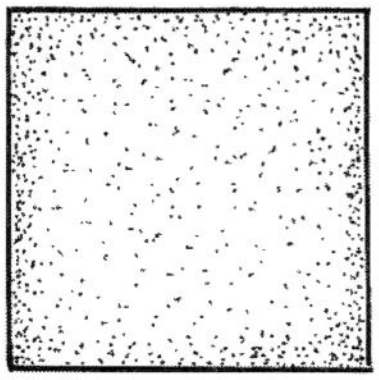

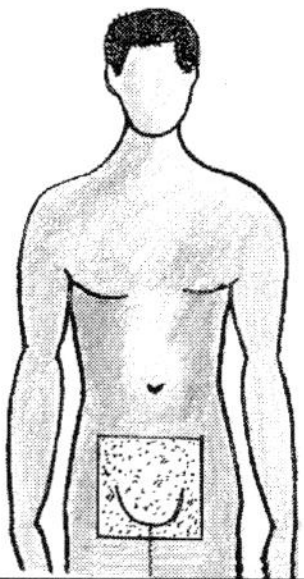

2. Lotusblüte

Dienstag

Konzentrationssymbol
Halbmond

Der Halbmond  befindet sich im Rückenmarkzentrum oberhalb der Genitalien (Hoden). Er wird körperlich sichtbar an den Adrenalindrüsen, den Nieren und dem Nierengeflecht.
Alle Körperflüssigkeiten werden durch dieses geistige Zentrum ausgewogen und kontrolliert.

Vorsorge

Mit der 2. Lotusblüte werden Fettsucht und Störungen im Flüssigkeitshaushalt wie Ödemen und Blutvergiftungen vorgebeugt. Sie kräftigt den Rücken und das Kreuz-Darmbein-Gelenk und fördert sichtbar innere Energie, Tatendrang, rasche Auffassungsgabe, unermüdliche Arbeitslust, auf alle Arten spürbare Kraft, Feuer und Mut. Sie verstärkt den Kreislauf, die Sauerstoffaufnahme und die organischen Kräfte des Blutes.
Da die 2. Lotusblüte den Rücken kräftigt, wenn er schwach ist oder schmerzt, nimmt sie einen bevorzugten Platz in der Vorsorgemedizin ein.

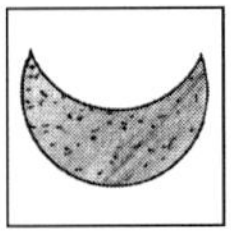

Konzentrations-symbol

1. Lege dich auf den Rücken und ziehe die Füße zu dir heran. Lege die Hände seitlich an den Körper, Handflächen nach unten.
2. Drücke den Rücken und das Gesäß langsam vom Boden weg. Atme gleichzeitig ruhig durch die Nase ein und leite in Gedanken den Atemstrom in den  im Nierengeflecht. Halte den Atem kurz an, dann atme langsam durch die Nase aus und laß den Rücken zu Boden sinken.
3. Wiederhole diese Position, ohne dich zu sehr anzustrengen, noch 7 mal. Dann laß den Rücken langsam zu Boden sinken.
4. Strecke dich aus. Lockere und entspanne ganz bewußt das Nierengeflecht, während du 14 mal ruhig und gleichmäßig atmest. Fühle die Wärme im Nierengeflecht. Spüre das Pulsieren, mit dem sich ein warmer Strom von Lebenskraft bemerkbar macht.

Stehe langsam auf.

5. Trinke aus einem schönen Trinkgefäß $^1/_4$ Liter Leitungswasser oder Mineralwasser, um deinen Körper zu reinigen.

Trinke täglich 7 Gläser Wasser.

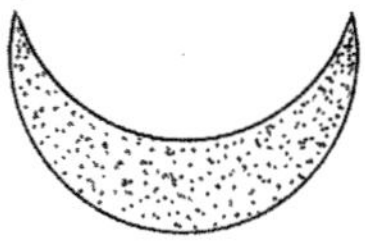

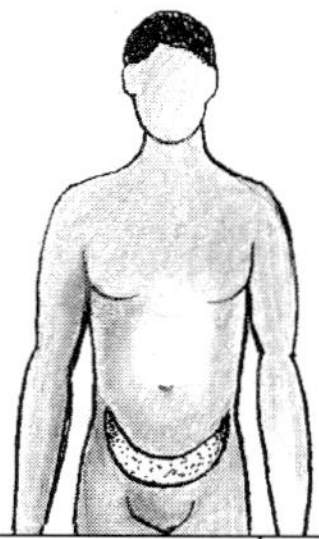

3. Lotusblüte

Mittwoch

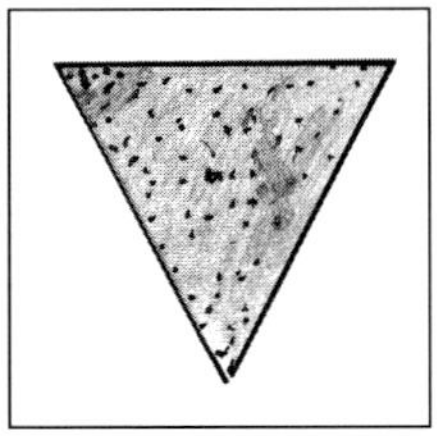

Konzentrationssymbol
Dreieck

Das Dreieck ▽ befindet sich im Rückenmarkzentrum gegenüber dem Nabel. Es wird körperlich sichtbar an der Bauchspeicheldrüse und dem Nabelgeflecht (Solarplexus). Mögen die Gründer des Yoga auch nichts vom Vorhandensein der verschiedenen Drüsen niedergeschrieben haben, so verstanden sie doch sehr gut, daß in den Bereichen der Drüsen kraftvolle Lebensschwingungen in Erscheinung treten. Sie vermochten auch die Stärke der Schwingungen wahrzunehmen, und sie wußten genau, welche Körperteile Bewegung haben müssen, um die Aktivität der Schwingungen zu beleben und die Hindernisse wegzuschaffen, die dem freien Fluß der Lebenskraft im Wege stehen.

Vorsorge

Die 3. Lotusblüte ist eine heilige und segensreiche Position für Nieren und Nebennieren, für die Bauchspeicheldrüse und die Leber. Und man sagt von ihr, daß sie viele unerkannte Krankheiten heilt.
Die 3. Lotusblüte verbessert und erhöht die Zunahme der Blutzufuhr und Lebenskraft und stärkt die Funktionen der Drüsen. Hierin liegt das Geheimnis, warum eine so einfache Übung das ganze Drüsensystem nicht nur im Normalzustand erhalten, sondern auch zu erhöhter Leistungsfähigkeit anregen kann.

Vorsicht

Menschen, die an Knie- oder Hüftverletzungen leiden, dürfen diese Übung nicht ausführen. Für sie ist auf Seite 108 eine ebenso wirksame Ersatzübung angegeben.

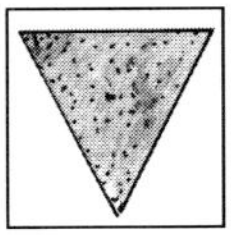

Konzentrations-symbol

1. Knie am Boden. Zehen stoßen zusammen.
2. Hände zu Fäusten ballen, Daumen nach innen.
3. Ellenbogen zeigen in Richtung Nabelgeflecht mit dem aufgestellten ▽.
4. Beuge dich weit vor und lege deinen Oberkörper auf deine Oberschenkel. Lege dein ganzes Gewicht darauf.
5. Balle die Fäuste ganz fest. Drücke den Oberkörper nach unten. Hebe den Kopf hoch. Schließe die Augen.
6. Atme durch die Nase ruhig und ganz leicht 14 mal in das Dreieck ▽ (Nabelgeflecht).
7. Senke behutsam den Kopf. Löse die Fäuste. Löse die Position.

Ruhe dich kurz aus.

8. Lege dich auf den Rücken und strecke dich aus. Entspanne ganz bewußt das Nabelgeflecht, während du 14 mal ruhig und gleichmäßig atmest. Fühle die Wärme der Lebenskraft im Nabelgeflecht.
9. Trinke aus einem schönen Trinkgefäß $^1/_4$ Liter Leitungswasser oder Mineralwasser, um deinen Körper zu reinigen.

Trinke täglich 7 Gläser Wasser.

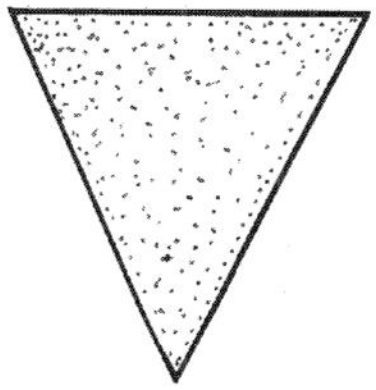

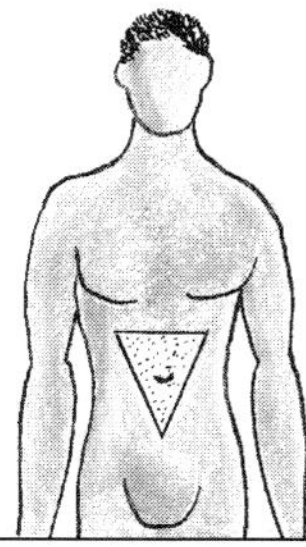

4. Lotusblüte

Donnerstag

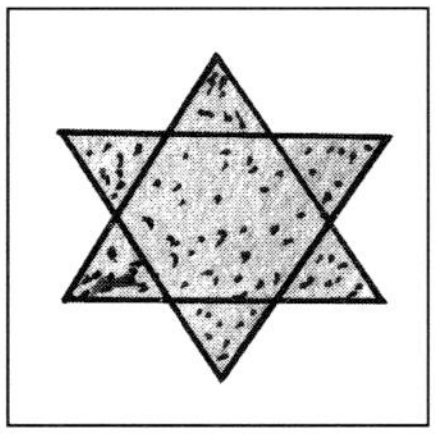

Konzentrationssymbol
Stern

Der Stern ✡ befindet sich im Rückenmarkzentrum des Herzens. Er wird körperlich sichtbar an der Thymusdrüse und dem Herzgeflecht.
Die Thymusdrüse ist mitverantwortlich für die Funktionsfähigkeit des Immunsystems. Das Herzgeflecht beeinflußt auch die Funktionen des Vagus-Nervs, von dem Fachleute glauben, daß er eine wichtige Rolle spielt, wenn die Lebenskräfte eines Menschen geweckt werden sollen.

Vorsorge

Die 4. Lotusblüte dehnt und kräftigt den Brustkorb. Für Menschen, die an Herzschwäche leiden, ist sie wegen ihrer anregenden Wirkung besonders gut.
Sie schützt vorbeugend vor Lungenerkrankungen und Erkrankungen der Atemwege wie Asthma und Bronchitis und hält den Brustkorb elastisch.

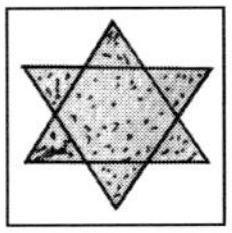

Konzentrations-symbol

1. Stehe aufrecht. Füße geschlossen. Laß die Arme herunterhängen mit den Handflächen nach innen.
2. Nimm deine Arme durchgestreckt hoch. Finger geschlossen.
3. Atme ruhig und gleichmäßig in den Stern  (Herzgeflecht), während du dich nach rückwärts beugst. Bleib ein wenig so.
4. Kehre in die Ausgangsposition zurück, während du ruhig und gleichmäßig ausatmest.
5. Wiederhole diesen Übungsablauf insgesamt 7 mal hintereinander.

Ruhe dich aus.

6. Lege dich auf den Rücken und strecke dich aus. Entspanne ganz bewußt das Herzgeflecht, während du 14 mal ruhig und gleichmäßig atmest. Fühle die Wärme der Lebenskraft im Herzgeflecht.

Stehe langsam auf.

7. Trinke aus einem schönen Trinkgefäß $^1/_4$ Liter Leitungswasser oder Mineralwasser, um deinen Körper zu reinigen.

Trinke täglich 7 Gläser Wasser.

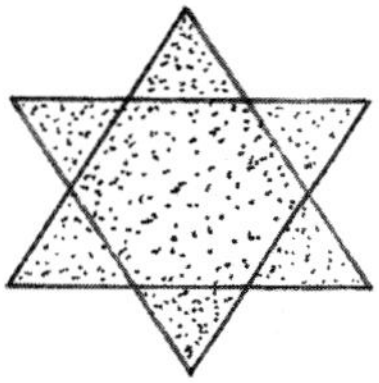

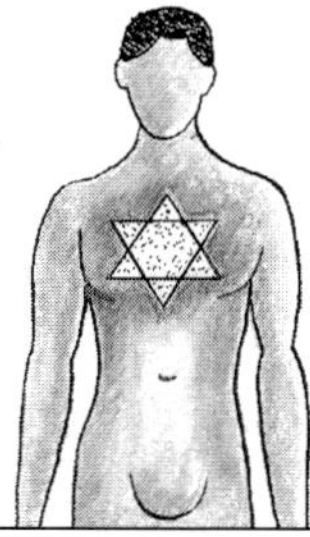

5. Lotusblüte

Freitag

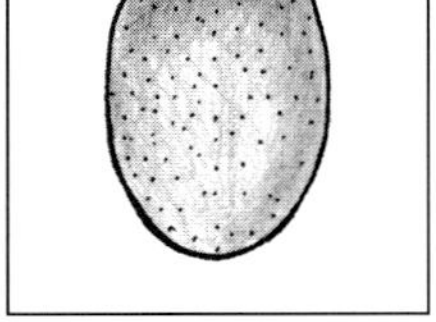

Konzentrationssymbol
Oval

Das Oval  befindet sich im Rückenmarkzentrum der Kehlgegend. Es wird körperlich sichtbar an der Schilddrüse und dem Rachengeflecht. Je nach Grad der Schilddrüsentätigkeit ist der Mensch intelligent oder stumpf. Auch die richtige Entwicklung und Funktion der Geschlechtsorgane hängt davon ab, ob die Schilddrüse normal und gesund ist.
Sexualität ist ein Geschenk der Götter, und es ist auch Zweck der verschiedenen Lotusblüten, die Qualität der Lebenskräfte bis ins hohe Alter zu erhalten.

Vorsorge

Die 5. Lotusblüte regelt die Tätigkeit der Geschlechtsdrüsen und der Schilddrüse und wirkt ausgezeichnet auf die ganze Beckengegend. Sie erhält Lebenskraft und jugendliches Aussehen.
Unser ältester Schüler war 91 Jahre alt und unser kräftigster wog 115 kg, als er in den Kurs kam. Beide beherrschten die 5. Lotusblüte nach einigen Unterrichtsstunden. Sie wirkt günstig bei schlechtem Blutkreislauf und Potenzstörungen. Sie stärkt Nerven und schenkt Körper und Geist Stärke, Spannkraft und Energie.

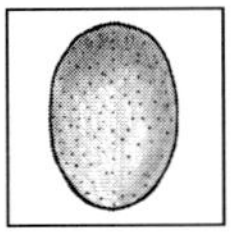

Konzentrations-symbol

1. Lege dich auf den Rücken.
2. Mach mit jeder Hand eine Faust mit den Daumen nach innen.
3. Lege die Fäuste rechts und links des Kreuzbeins, so daß das Kreuzbein den Boden nicht berührt.
4. Atme sehr ruhig und langsam 14 mal in das Oval  (Rachengeflecht).

Löse die Position langsam.

5. Lege dich auf den Rücken und strecke dich aus, die Arme liegen rechts und links vom Körper mit den Handflächen nach oben. Entspanne ganz bewußt das Rachengeflecht und atme ruhig und langsam 14 mal. Fühle die Ruhe und wohlige Wärme in deinem Rachengeflecht.

Stehe langsam auf.

6. Trinke aus einem schönen Trinkgefäß $^{1}/_{4}$ Liter Leitungswasser oder Mineralwasser, um deinen Körper zu reinigen.

Trinke täglich 7 Gläser Wasser.

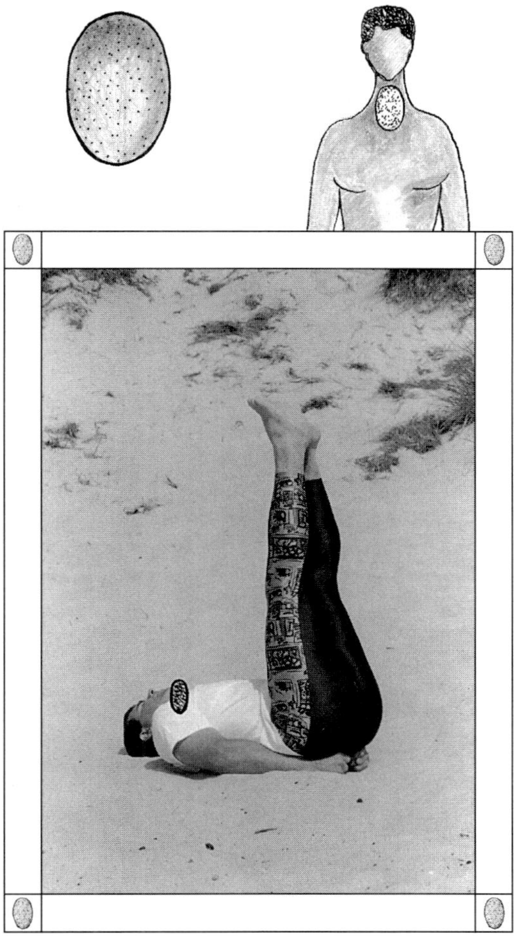

6. Lotusblüte

Samstag

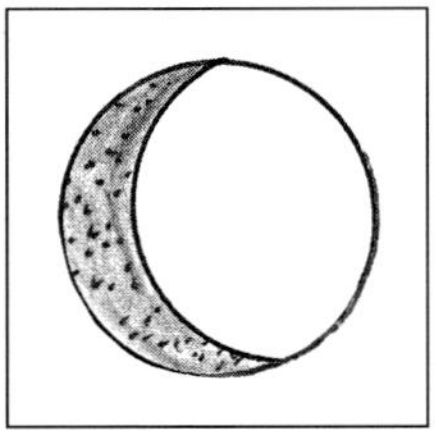

Konzentrationssymbol
Mond – Sonne

Mond-Sonne befindet sich in der Mitte des Kopfes zwischen den Brauen. Dieses Verbindungssymbol deutet die Vereinigung von Halbmond und Sonne an. Das Verbindungssymbol Mond-Sonne wird körperlich sichtbar an der Hypophyse, der »Hauptdrüse«. Sie heißt deshalb Hauptdrüse, weil sich ihre Ausscheidungen auf das Funktionieren der anderen Drüsen auswirken.

Vorsorge

Die 6. Lotusblüte gilt als eine der besten, um die Lebenskraft zu wecken. Sie nimmt eine führende Stellung unter allen Übungen ein. Sie garantiert eine gute Durchblutung des Körpers. Es heißt, daß diese Position ein langes Leben verleiht.

Durch die 6. Lotusblüte wird die Wirbelsäule elastisch, wodurch vielen Krankheiten vorgebeugt wird. Bei zu dicken Oberschenkeln und Gesäß schafft diese Übung Abhilfe. Die Taille wird geschmeidig, und schlechter Körpergeruch verschwindet. Ein dicker Bauch wird dünner, und nervliche Ausgeglichenheit wird erreicht.

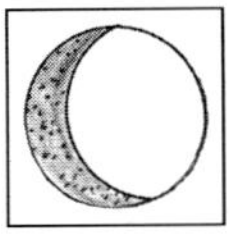

Konzentrations-symbol

1. Sitze am Boden und strecke die Beine durch. Lege beide Hände mit den Handflächen nach oben auf deine Beine.
2. Beuge dich nur soweit vor, daß du kein Ziehen und keine Schmerzen in den Kniekehlen spürst.
3. Laß deinen Kopf ganz locker nach unten hängen. Ganz locker. Lächle entspannt.
4. Atme sehr ruhig und gleichmäßig vom Steißbein durch die Wirbelsäule hinauf in die Kopfmitte und von dort wieder hinunter ins Steißbein. Atme 14 mal hinauf und hinunter.

Lege dich langsam zurück.

5. Jetzt liegst du auf dem Rücken. Während du 14 mal ruhig und gleichmäßig atmest, entspannst du ganz bewußt dein Nasengeflecht in der Kopfmitte und fühlst die tiefe Ruhe, die sich in dir ausbreitet.

Stehe langsam auf.

6. Trinke aus einem schönen Trinkgefäß $^1/_4$ Liter Leitungswasser oder Mineralwasser, um deinen Körper zu reinigen.

Trinke täglich 7 Gläser Wasser.

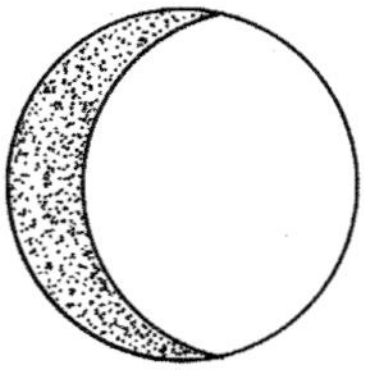

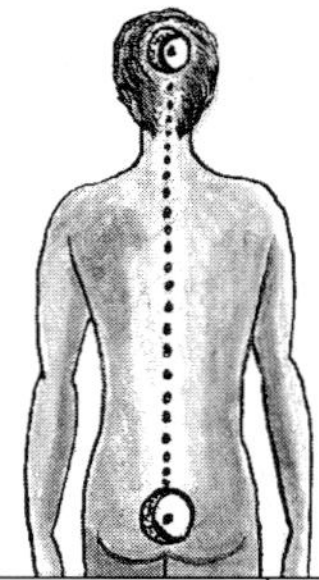

7. Lotusblüte

Sonntag

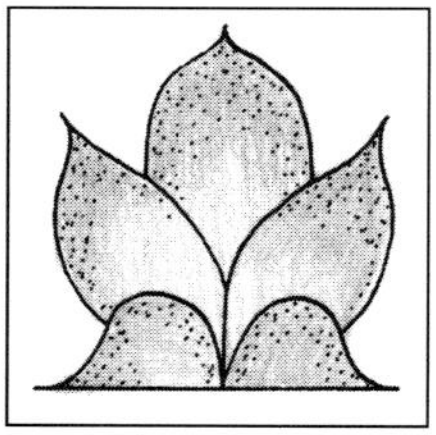

Konzentrationssymbol
Lotusblüte

Das Konzentrationssymbol der Lotusblüte befindet sich am Scheitel des Hauptes. Die Drüse, die mit dem Scheitel des Hauptes genannt wird, ist die Zirbeldrüse. Zirbeldrüse und Hypophyse haben einen bedeutenden Einfluß auf den Stoffwechsel. Die Auswirkungen erstrecken sich auf die allgemeine Entwicklung des Menschen, seine Verdauung, das Sexualleben und die Fruchtbarkeitsveranlagung. Alle Drüsen zusammen bestimmen das Schicksal eines Menschen durch ihren Einfluß auf die Entwicklung, Verhaltensweise, Veranlagung und Begabungen des einzelnen.

Vorsorge

Die 7. Lotusblüte steigert und verfeinert den Sexualtrieb und erhöht die Konzentrationskraft. Sie wird mit Erfolg gegen Depressionen ausgeführt und vermittelt tiefe Ruhe und Selbstbewußtsein.

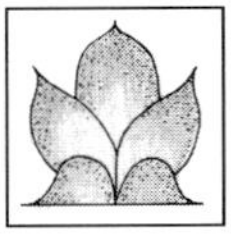

Konzentrations-symbol

1. Lege dich auf den Rücken. Die Füße sind geschlossen, die Handflächen zeigen nach oben.
2. Konzentriere dich auf deinen Scheitel und die weit geöffnete Lotusblüte, in deren Mitte weißes Licht strahlt.
3. Während du einatmest, läßt du weißes Licht durch den Scheitel einziehen, läßt es von deinem ganzen Körper Besitz ergreifen und atmest es durch die Fußsohlen aus. Von den Fußsohlen läßt du den Atem heraufströmen, von deinem ganzen Körper Besitz ergreifen und atmest ihn durch die Scheitelmitte aus.
4. Atme jetzt ruhig und gleichmäßig 14 mal von der Scheitelmitte hinunter zu den Fußsohlen und von den Fußsohlen wieder hinauf zur Scheitelmitte.

Hast du die 14 Atemzüge beendet,

5. bleibe ganz entspannt liegen und stell dir vor, du liegst mit deinem ganzen Körper auf Tausenden von weißen Lotusblüten, die dich in ihren Duft einhüllen. Laß dich in sie hineinsinken und atme noch einmal 14 mal ruhig und ganz gleichmäßig.

Stehe ruhig auf.

6. Trinke aus einem schönen Trinkgefäß $^1/_4$ Liter Leitungswasser oder Mineralwasser, um deinen Körper zu reinigen.

Trinke täglich 7 Gläser Wasser.

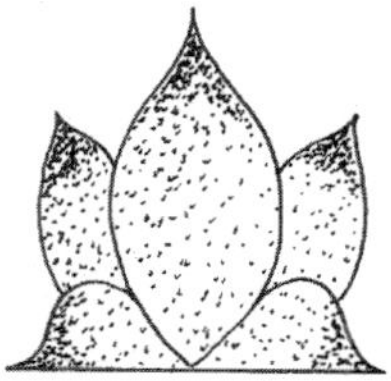

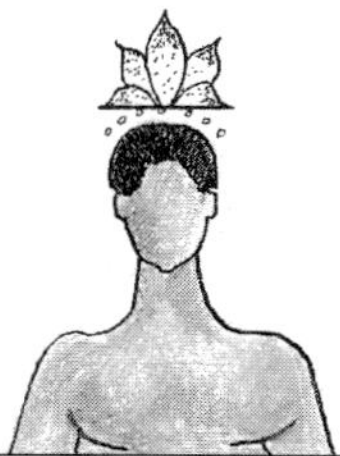

Ersatzübung für die 3. Lotusblüte

für alle, die Knie- und Hüftgelenke schonen müssen

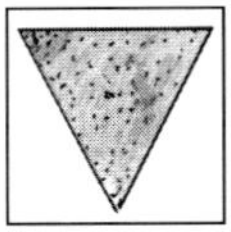

Konzentrationssymbol

1. Lege dich auf den Rücken.
2. Lege deine Hände rechts und links auf die Oberschenkel.
3. Schließe die Knöchel so, daß sie sich berühren.
4. Hebe den Kopf hoch und gleichzeitig die durchgestreckten Beine.
5. Atme ruhig und gleichmäßig 7 mal in das Dreieck  (Nabelgeflecht).

Senke behutsam Beine und Kopf.
Ruhe dich kurz aus.

6. Lege dich entspannt auf den Rücken. Die Arme liegen locker neben dem Körper mit Handflächen nach oben.
7. Entspanne ganz bewußt dein Nabelgeflecht, während du 14 mal ganz ruhig und gleichmäßig atmest und die Wärme im Nabelgeflecht angenehm empfindest.

Stehe langsam auf.

8. Trinke aus einem schönen Trinkgefäß $^1/_4$ l Leitungswasser oder Mineralwasser, um deinen Körper zu reinigen.

Trinke täglich 7 Gläser Wasser.

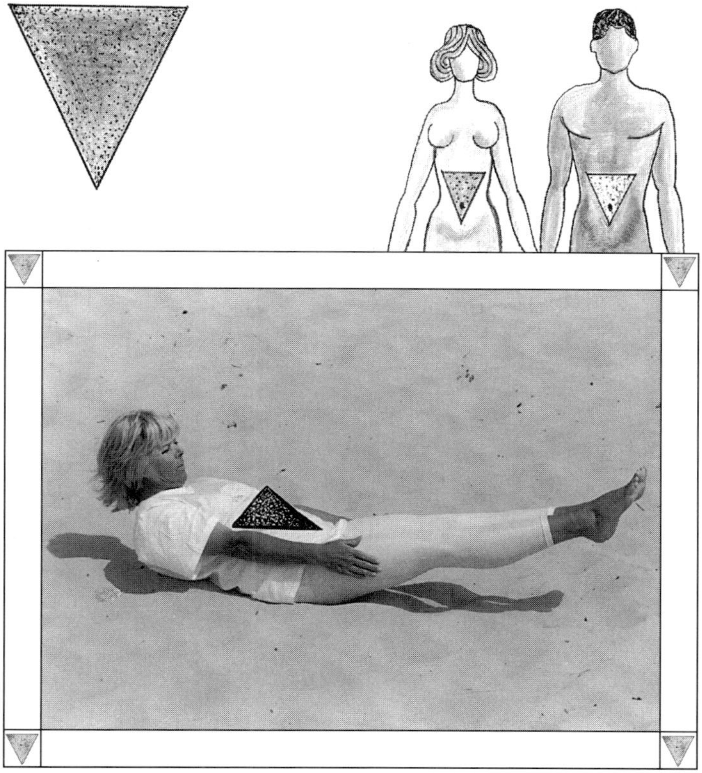

Gesundheitsvorsorge für jedermann

In unserer schnellebigen Zeit, in der übermäßiger Streß in jeglicher Form – sei er nun psychischer oder physischer Natur – in der sogenannten »westlichen Welt« geradezu eine Volkskrankheit darstellt, verdient Yoga mehr denn je das Interesse des Vorsorgemediziners.

Die Weiterentwicklung des Menschen durch Yoga

Yoga ist die Lehre und Lebensweise, wie sich der Mensch als Gesamtpersönlichkeit auf eine höhere Ebene hin entwickeln kann. Körperschulung, Meditation und die Bildung der Seele verbinden sich hier zu einem harmonischen System, welches alle Aspekte der Gesamtpersönlichkeit berücksichtigt.

Aus diesem Grunde ist Yoga auch für jeden Menschen geeignet.

Die positiven Effekte von Yoga auf den Menschen lassen sich vielfach begründen. Das reicht von dem naturwissenschaftlich leicht nachvollziehbaren positiven Effekt der Körperübungen auf den Bewegungs- und Stützapparat über die Atemschulung, die Beeinflussung der Organe und Organsysteme bis zur psychischen Durchdringung des »Ich« und einer neuen Erkenntnis der Welt.

Einige Elemente sind uns Ärzten aus Methoden der kurativen und vorbeugenden Behandlungen wohlbekannt; man denke nur an die Beeinflussung sogenannter autonomer Organsysteme durch Konzentrationsübungen im Rahmen des autogenen Trainings oder die Beeinflussung des zentralen Nervensystems und der von ihm abhängigen Regelkreise durch das sogenannte mentale Training.

Die vollkommene Einheit von Geist und Körper

Yoga ist aber mehr als ein bloßes Ausgleichen unseres vegetativen Nervensystems mit seinen sympathischen und parasympathischen Elementen und eine perfekte Abstimmung der Steuerung unseres zentralen Nervensystems. Es ist ein in Jahrtausenden aus der Erfahrung vieler hervorragender Menschen gewachsenes System geistiger und körperlicher Übungen, deren Ziel es letztendlich ist, die möglichst vollkommene Einheit von Geist und Körper zu erlangen. Gerade diese

ganzheitliche Betrachtung des Menschen ist es, die den Vorsorgemediziner besonders anspricht.
Als Arzt sehe ich immer wieder, daß eines der großen Probleme die strikte Trennung von Arbeitswelt und Privatsphäre darstellt. Weil es sich eben oft als Irrweg erwiesen hat, Befindlichkeitsstörungen des Menschen in simplifizierendem Monokausalitätsbestreben auf schädigende Einflüsse ausschließlich der einen oder der anderen Sphäre zurückführen zu wollen, beginnt sich seit einigen Jahren auch in der Vorsorgemedizin eine ganzheitliche Betrachtungsweise immer mehr durchzusetzen. Diese Denkrichtung ist mittlerweile unter dem Schlagwort »Lebensstilmedizin« allgemein bekannt geworden.

Lebensstil-medizin

Ich finde gerade diesen Ausdruck »Lebensstilmedizin« bezeichnend für eine weitgehende Deckung der Zielvorstellungen einer ernstgemeinten umfassenden Vorsorgemedizin und Yoga. Beiden geht es um den Menschen als Ganzes in seiner gesamten körperlich-geistigen Ausformung.
Wir wissen heute gesichert aus zahlreichen Studien, wie wichtig eine positive persönliche Grundeinstellung für den Erfolg vieler Behandlungsmethoden auch der sogenannten Schulmedizin ist.
Diese positive Grundeinstellung ist in aller Regel kein Geschenk der Vorsehung oder des Himmels, sondern muß aktiv erarbeitet und erlernt werden. Dabei kann Yoga für jeden eine wertvolle Hilfe sein; durch Meditation und Selbstbesinnung können wir lernen, Energien freizusetzen, die oft ungenutzt brachliegen und die uns helfen, die Anforderungen des Lebens besser zu bewältigen.
Ein hervorragendes Beispiel hierfür ist die Lebensgeschichte von Susi Rieth selbst, die im Alter von siebzehn Jahren nach einem schweren Unfall das erste Mal mit Yoga in Berührung kam, durch das sie ihre Bewegungsfähigkeit wiedererlangte.

Disziplin gegen sich selbst und seinen Körper

Ein wesentliches Argument für Yoga aus der Sicht des Vorsorgemediziners ist sicherlich die Tatsache, daß hierbei Disziplin gegen sich selbst und seinen Körper gelernt werden kann, daß die geforderte Regelmäßigkeit der Übungen dazu anregt, die eigene Lebensweise auf Regelmäßigkeit auszurichten. Von allergrößter Bedeutung ist sicherlich auch das Erlernen einer echten tiefen Entspannung, die viele Mitmenschen in unserer modernen Zivilisation bereits verlernt haben. Der Aufbau des vorliegenden Übungsbuches ist so gewählt, daß die 7 Lotusblüten leicht durchführbar sind und jedem Gesunden bedenkenlos zumutbar sind. Bei bestehenden Gesundheitsstörungen empfiehlt sich im Einzelfall vor Übungsbeginn die Rücksprache mit dem Arzt. Jede Übung trainiert einen anderen Abschnitt des Bewegungs- und Stützapparates und soll auch jeweils ein eigenes psychovegetatives Zentrum stimulieren.

Die 7 Lotusblüten als Vorsorge gegen das Altern

Die von Susi Rieth gezeigten 7 Lotusblüten und ihre Variationen zur Vorbeugung vorzeitiger physischer und psychischer Aufbrauchserscheinungen wirken im Sinne der Dehnung von Bändern und Sehnen, der Mobilisierung der Gelenke – auch vergessener –, sie regen den Kreislauf an, bewirken eine Anregung und Vertiefung der Atmung und aktivieren Geist und Seele. Im harmonischen Zusammenwirken dieser Einzelkomponenten vermögen sie ganz allgemein die Leistungsfähigkeit des Organismus zu steigern und seine Abwehrkräfte zu stärken.

Neben manchen anderen Wegen in der Vorsorge- und Lebensstilmedizin sehe ich daher auch in den 7 Lotusblüten eine sehr leistungsfähige Form eigenverantwortlicher Gesundheitsvorsorge, insbesonders dann, wenn sie unter kundiger Anleitung betrieben wird.

Dr. Gert Korisek
Facharzt für Unfallchirurgie und Orthopädie

Empfehlungen bei Erkrankungen

Die 7 Lotusblüten sind ganz bewußt für den Mann und die Frau ausgewählt worden. Schon vor Tausenden von Jahren hatte man Kenntnis davon, daß Bewegungs- und Stützapparat bei Mann und Frau unterschiedlich belastet werden.
Bei konkreten Beschwerden helfen jedoch Übungen aus beiden Bewegungsserien, da sie verschiedene Energiekräfte wecken. In diesem Ausnahmefall ist die Zuordnung von Mann und Frau aufgehoben.
Die jeweilige Lotusblüte sollte mit tiefer Konzentration auf den jeweiligen Beschwerdebereich ausgeführt werden, das heißt, er wird in den Schmerzbereich ein- und ausgeatmet, bis es warm wird (siehe Vollatmung Seite 12 ff.).

Abwehrsystem	4. Lotusblüte Frau, Seite 60
Akne	5. Lotusblüte Frau, Seite 64
Angstzustände	7. Lotusblüte Frau und Mann, Seite 72, 104
Arthritis	1. Lotusblüte Frau, Seite 48
Atemnot	4. Lotusblüte Frau und Mann, Seite 60, 92
Augen stärkend	5. Lotusblüte Frau und Mann, Seite 64, 96
Bandscheibe	2. Lotusblüte Mann, Seite 84 (vorsichtig ausführen)
Blutdruck (erhöht)	7. Lotusblüte Mann, Seite 104
Blutzirkulation	3. Lotusblüte Frau, Seite 56
Bronchitis	4. Lotusblüte Frau, Seite 60
Darmreinigend	1. Lotusblüte Frau, Seite 48
Depression	7. Lotusblüte Frau und Mann, Seite 72, 104
Durchblutungsfördernd	3. Lotusblüte Frau, Seite 56
Entspannung	7. Lotusblüte Mann, Seite 104
Gebärmutter stärkend	1. Lotusblüte Mann, Seite 80
Gehirndurchblutend	5. Lotusblüte Mann, Seite 96

Halswirbelsäule	6. Lotusblüte Frau, Seite 68 (Verspannungen)
Haltung verbessernd	2. Lotusblüte Mann, Seite 84 (7–14 mal hintereinander ausführen)
Hauterkrankungen	5. Lotusblüte Frau, Seite 64
Herz stärkend	4. Lotusblüte Mann, Seite 92
Hüftgelenk	2. Lotusblüte Mann, Seite 84 (7 mal hintereinander ausführen)
Ischias	2. Lotusblüte Mann, Seite 84
Kopfschmerzen	6. Lotusblüte Mann, Seite 100 (zehn Minuten in der Position verharren)
Leber	3. Lotusblüte Mann, Seite 88
Lunge	4. Lotusblüte Frau, Seite 60
Müdigkeit	3. Lotusblüte Frau, Seite 56
Nackenverspannungen	2. Lotusblüte Mann, Seite 84
Nervosität	7. Lotusblüte Frau, Seite 72
Nieren	3. Lotusblüte Mann, Seite 88
Osteoporose	2. Lotusblüte Mann, Seite 84
Potenzstörung	1. Lotusblüte Mann, Seite 80
Rückenschmerzen	2. Lotusblüte Mann, Seite 84 (14 mal hintereinander ausführen)
Schlafstörungen	7. Lotusblüte Mann, Seite 104
Schulterverspannungen	6. Lotusblüte Frau, Seite 68
Übergewicht	täglich alle 7 Lotusblüten, Frau oder Mann spezifisch
Unterleibsbeschwerden	1. Lotusblüte Frau und Mann, Seite 48, 80
Verdauungsstörungen	1. und 2. Lotusblüte Frau, Seite 48, 52